USA TODAY
「発言」する英語

松本 茂 編著
〔明海大学助教授〕

S.S. communications

まえがき

なぜ USA TODAY なのか。

USA TODAY は1982年9月に創刊されたアメリカで唯一の一般全国紙。現在では全米で読者総数第1位、販売部数でも第2位になるまでに成長した。

このように短期間で全米の読者の心をつかんだ理由のひとつは「なるべく簡潔に、できるだけ見やすく分かりやすく」を編集方針にしていることだ。他の新聞に比べ、各記事の長さが短く、センテンスも短く、表現もやさしくなっている。忙しいアメリカ人が毎朝情報を収集するのにマッチした新聞と言える。

こういった *USA TODAY* の英語の特徴が、日本の英語学習者のニーズにもピッタリと合っている。英字新聞というととかく特別な英語力が必要と思われてきたが、*USA TODAY* はそんなことはない。気楽に読める英字新聞だ。

なぜ VOICES 欄なのか。

本書で取り上げたのは第6面の DEBATE のページに掲載されている VOICES(Voices from across the USA)の欄である。

この欄では今アメリカで問題となっているテーマを取り上げ、全米から6人の読者——老若男女・人種を問わず——のナマの声を取り上げている。よって、アメリカの普通の人たちが使っている口語の英語表現、賛成・反対の意見を述べるための表現が満載されている。これらは、「発言する」ことをとかく苦手とする日本の英語学習者にとって格好の学習材料である。

本書を通じて、ひとりでも多くの方が英語で「発言」できるようになられたら幸いである。

最後に、本書を出版するにあたり大変お世話になったS.S.コミュニケーションズ英語事業部の皆さんに心よりお礼申し上げる。

1991年2月

松本 茂

本書の構成と利用法

　本書は20章からなり、各章は以下のような構成になっています。

論題　各章で取り上げられているトピックが疑問文で提示されています。例えば、Chapter 1 では Does Japanese investment in the USA worry you?　論題に関して何か知っていることがあるかを考えてみてください。

BACKGROUND　論題についての背景知識をこの項で仕入れてください。言葉を理解するのは「知識」がなければ難しいものです。

KEY WORDS　論題に関連するキーワードを説明しています。論題に関する知識をさらに深め、重要語句を学習しましょう。

RELATED WORDS & PHRASES　自ら「発言する」際に必要になるであろう表現をまとめてあります。仲間などと議論する際にご利用ください。

What do you think?　各章の2ページ目の最後に質問が用意してあります。VOICES 欄に読み進む前に自問自答してみてください。

VOICES（1-6）　本書の核となる部分です。*USA TODAY* の VOICES 欄よりそのまま引用してあります（ただし、名前はファースト・ネームだけに変えてあります）。アメリカ人の「発言する英語」を堪能しながら、彼らの価値観や生きざまを読み取ってください。

　STRATEGY　論の進め方に関する解説を読んで、英語のロジックの感覚を磨いてください。

　USEFUL EXPRESSIONS　「発言する」ために役に立つ英語表現を解説してあります。大きな声を出して繰り返し読んでください。

　NOTES　比較的難しい語句の和訳を示してあります。参考にしてください。

　YES／NO　VOICES（1-6）に出てきた文のうちで「発言する英語」として最も重要と思われるものを和英対照で提示してあります。最終チェックリストとしてご利用ください。

　「発言する」ために必要な「英語表現」、「背景知識」、「論理」を総合的に学んだら、本書で取り上げた20の論題について、できれば仲間や先生とディベートをしてみてください。残念ながら仲間がいないという方は、自らの考えをスピーチやエッセイにまとめてはいかがでしょう。ご健闘を祈ります。

CONTENTS

Chapter 1	JAPANESE INVESTMENT	4
Chapter 2	SUBSIDIZING FARMERS	14
Chapter 3	NUCLEAR POWER PLANT	24
Chapter 4	FLAG BURNING	34
Chapter 5	TOBACCO ADS	44
Chapter 6	SCHOOL DRESS CODES	54
Chapter 7	ILLEGAL IMMIGRATION	64
Chapter 8	FAMILY LEAVE	74
Chapter 9	CHILD SAFETY SEATS	84
Chapter 10	SAFETY OF FOOD	94
Chapter 11	VOTING	104
Chapter 12	FINAL WISHES	114
Chapter 13	CREDIT-CARD NUMBER	124
Chapter 14	AIDS	134
Chapter 15	TEXTBOOK	144
Chapter 16	CORRUPTION	154
Chapter 17	HIGHER TAXES	164
Chapter 18	GUN CONTROL	174
Chapter 19	DRUG	184
Chapter 20	ABORTION	194

JAPANESE INVESTMENT

Chapter 1

Does Japanese investment in the USA worry you?
(アメリカにおける日本の投資は気掛かりですか)

■ BACKGROUND

1988年当時、アメリカはその年の「海外への投資額」および「海外からの投資受け入れ額」の双方でトップであった。しかし、1989年には前者において日本がアメリカを抜いてトップに立った。アメリカにおける投資額だけを見ると、イギリスが最も多く、ついで日本、オランダ、カナダ、ドイツの順となっている。

はっきりしない投資の意図、日本的な経営方針、日本市場の閉鎖性などとあいまって日本の投資に向けられる非難は高まるばかりで、CMなどにも露骨な日本企業たたきが目立つようになっている。

■ KEY WORDS

☐ **Japan-bashing**　日本たたき

アメリカの対日貿易赤字の増大などを背景に1985年ごろより日本に対する報復法案(retaliatory bill)が次々に米国議会に提出され、これら一連の対日政策などを「日本たたき」と呼ぶようになった。また、米ソの冷戦構造に終止符が打たれたのと引き換えに日本の脅威を叫ぶアメリカ人学者が現れ、日本たたきに回っている。

☐ **M & A**　マージャー・アンド・アクイジション

Merger & Acquisition(合併と買収)のこと。1980年代後半は日本企業によるアメリカ企業の大型買収が目立った。その中でもソニー㈱によるColumbia Pictures Entertainment, Inc.の買収は、日本企業は「アメリカ文化」までをも買いあさるのかと全米に議論を巻き起こした。そして1990年には松下電器㈱がソニー・コロンビアを大幅に上回る額でMCAを買収した。

□ **real estate**　　不動産
カネ余り状態の日本企業がアメリカの大都市の土地やビルを買いあさってきた。この傾向は、三菱地所㈱がニューヨーク市のシンボルのひとつとも言える Rockefeller Center を買収したことに代表されるように、特に1980年代以降顕著となった。1990年に入って、日本企業は大都市だけではなく中西部などの中小都市の不動産にも食指を伸ばしつつある。

■ RELATED WORDS & PHRASES
□海外投資　foreign investment(s)
□投資家　an investor
□外国資本　foreign capital
□資産　assets
□米国商務省　the Commerce Department
□保護主義　protectionism
□大都市地域　a (major) metropolitan area
□事務所用ビル　an office building
□歴史的な建物・名所　a landmark

What do you think?
● Is Japan investing too heavily in the U.S.?（日本はアメリカに過剰な投資をしているか）
● Are Japan's investments important for the U.S. economy?（日本の投資はアメリカ経済にとって重要か）
● Should Japanese companies refrain from buying U.S. companies?（日本企業は米国企業の買収を控えるべきか）
● Should American companies invest much more in Japan?（アメリカの企業は日本にもっと投資するべきか）

JAPANESE INVESTMENT

VOICE 1

Yes, I am concerned because they have invested such a large amount of money over a short period of time. And **it appears that** it's not going to stop. **It's almost an uncontrollable situation** that our government has allowed to happen. The trade deficit and the incentives for them to come in have been great.

Richard, 60
County council official
Griffith, Ind.

■ STRATEGY

脅威を感じているアメリカ人を代表するようなオーソドックスな発言。貿易赤字と円高ドル安、日本の対米投資を結びつけて考えている。

■ USEFUL EXPRESSIONS

☐ **Yes, I am concerned because** they have invested such a large amount of money over a short period of time. 「はい、短期間にあれだけ多くの資金を投資しているから心配だ」。「気掛かりですか」とたずねられたときに理由を明らかにしながら答える表現。

☐ **It appears that** it's not going to stop. 「とまりそうもないようだ」。現状から判断した確実性の高い予測を述べる表現。

☐ **It's almost an uncontrollable situation** that our government has allowed to happen. 「わが国の政府が招いたほとんど手のつけられない状況だ」。簡単には解決できない状態であることを印象づけるのに有効な表現。

■ NOTES

☐ **trade deficit** 貿易赤字
☐ **incentives** （経済的な）刺激

TRANSLATION

イエス。彼らが短期間にあれほど多くの資金を投資してきたので、懸念しています。それに、日本人の投資はやみそうもありません。これはわが国の政府が招いたほとんど手のつけられない状況です。貿易赤字も対米投資の魅力も大規模なものとなってきました。

Chapter 1

VOICE 2

No. We've invested in foreign countries. **What's wrong with** the Japanese investing here? **Just because** they're buying property **doesn't mean** they're trying to take over the country. Besides, we're not doing the things that we should be to help ourselves. **We have to start getting ourselves together.**

Margaret, 54
Teacher
Bayonne, N.J.

■ STRATEGY

自分たちも他国に対してしてきたことだと先制パンチ。なにも国を乗っ取られるわけではないし、と楽観論を展開。

■ USEFUL EXPRESSIONS

☐ **What's wrong with** the Japanese investing here? 「日本人の投資のどこがいけないというのか」。何が気にくわないの、いいではないかという反語的ニュアンスがある。

☐ **Just because** they're buying property [, it] **doesn't mean** they're trying to take over the country. 「ただ単に資産を買っているからといってこの国を乗っ取ろうとしていることにはならない」。Just because を文頭に使った口語的な表現。

☐ **We have to start getting ourselves together.** 「わたしたちは一致団結して知恵を出しあう時期にきている」。バラバラな考えをまとめあげる、といったニュアンスがある。

■ NOTES

☐ **property** 資産、土地

TRANSLATION

ノー。わが国だって外国に投資しているわ。日本企業がこの国に投資して何がいけないって言うの。彼らが資産を買ったからといって、この国を乗っ取ろうとしていることにはならないわ。おまけに、アメリカ人はこの状況を切り抜けるためにすべきことをしていないじゃないの。わたしたちは一致団結して知恵を出しあう時期にきているわ。

JAPANESE INVESTMENT

VOICE 3

It does worry me to a certain extent. I'm very proud of America, and I prefer the idea of Americans owning American industries. **There is a lot of hype about** Japanese investments, and people may be becoming overly alarmed. American business needs to look at that and not become too complacent.

Mary, 31
Physician
Winston-Salem, N.C.

■ STRATEGY
ある程度は心配であるとまず述べているものの、必要以上に警戒しすぎていると指摘。

■ USEFUL EXPRESSIONS
□ **It does worry me to a certain extent.** 「ある程度は心配だ」。日本人がよく言うセリフの「心配でないといえばウソになる」の英訳はこれでOK。

□ **There is a lot of hype about** Japanese investments. 「日本の投資について大げさに取りざたされている」。相手が誇張した意見などを言ったときの反論に役立つ。

■ NOTES
□ **hype** 誇大広告、ごまかし
□ **complacent** ひとりよがりの

TRANSLATION
　幾分、気にしてはいるわ。アメリカを誇りに思っているし、アメリカの産業はアメリカ人が所有するという考え方が好きだわ。でも日本の投資については大げさに取りざたされていて、みんな必要以上に警戒するようになっているのかもしれない。アメリカの企業は現状をよく考えて、自己満足もほどほどにすべきね。

Chapter 1

VOICE 4

No. **If it's not them, it would be somebody else.** The investments they are making are sound and necessary in many ways for this economy. **I don't like the fact that** their workers are not unionized. But if their investments are what it takes to rekindle the spirit of competitiveness in this country, so be it.

Hilario, 47
Placement specialist
Austin, Texas

■ STRATEGY

日本がしなければ別の国がするだけと述べ、日本に特有の問題でないことを示唆している。また、日本の投資の必要性についても主張している。

■ USEFUL EXPRESSIONS

☐ **If it's not them, it would be somebody else.** 「彼らでなければ、ほかのだれかになるだけだろう」。問題をあるグループに特定化できないと言いたい際に役立つ表現。

☐ **I don't like the fact that** their workers are not unionized. 「労働者が組合組織化されていないことは気に入らない」。ある事象に対して否定的かつ主観的なコメントをする際に使える表現。

■ NOTES

☐ **to rekindle** 再燃させる
☐ **the spirit of competitiveness** 競争意識

TRANSLATION

ノー。日本企業がしなくても、別の国がするだろうね。彼らが行っている投資は多くの場合、健全で、アメリカ経済にとって必要なものだ。日本の労働者が組織化されていないのは、気に入らないね。しかし、日本の投資がアメリカ人の競争意識を燃え立たせるなら、それはそれでいい。

JAPANESE INVESTMENT

VOICE 5

What concerns me is how it reflects on us. **We really don't have a basis for** Japan-bashing until our productivity and quality is superior. I've been driving Toyotas for a number of years because the product is excellent. We should be looking at what's happening as a prod to get our own house in order.

Robert, 56
Hotel executive
Wisconsin Rapids, Wis.

■ STRATEGY

日本たたきをするだけの材料がない、と現実派路線の議論展開。アメリカの建て直しが先だと主張。こういうアメリカ人ばかりだと問題はないのだが…。

■ USEFUL EXPRESSIONS

□ **What concerns me is** how it reflects on us. 「わたしが心配する点はわたしたちにどう反映されるかということだ」。問題を絞り込むのに役立つ表現。

□ **We really don't have a basis for** Japan-bashing until our productivity and quality is superior. 「わたしたちの生産性や品質が勝らないかぎり、日本たたきをする根拠があるとは言えない」。根拠のなさをつくのに有効な表現。

■ NOTES

□ **Japan-bashing** 日本たたき
□ **a prod** 刺激

TRANSLATION

　気掛かりなのは、それがわれわれにどのように跳ね返ってくるのかということだね。実際、わが国の生産性や品質が日本に勝るようになるまで、日本たたきに根拠はないわけだ。わたしはトヨタの車に何年も乗っているが、それはトヨタ車が優れているからだ。われわれは、自国の改善を図るための刺激として現状を熟視しているべきだ。

Chapter 1

VOICE 6

I don't fear Japanese investment—worldwide investment is going to happen. They're successful because we drive Hondas. But **there are three things about** their success **that I morally object to**: they hunt and kill dolphin and whales, how they buy our raw lumber and they still discriminate against women.

Sallie, 39
Project manager
Vista, Calif.

■ STRATEGY

日本の投資については恐れを感じないとしながらも、イルカやクジラの捕獲、木材をアメリカから輸入すること、女性を差別していることの3点は道義上許せない、などと感情的になって論理の糸が完全に切れている。

■ USEFUL EXPRESSIONS

☐ **There are three things about** their success **that I morally object to.** 「彼らの成功について道義上許せない点が3つある」。自分が反対する点を明確に指摘するのに使える表現。

■ NOTES
☐ **Hondas**　ホンダ車
☐ **dolphin**　イルカ
☐ **whales**　クジラ
☐ **lumber**　材木

TRANSLATION
　わたしは日本企業の投資を心配していないわ。投資は世界的規模で行われようとしているもの。彼らが成功するのは、わたしたちがホンダに乗るせいだわ。でも、日本企業の成功について道義上許せない点が3つあるわ。それは彼らがイルカやクジラを追いかけて殺すこと、アメリカの原木をたくさん買っていること、それからいまだに女性を差別しているってことよ。

JAPANESE INVESTMENT

Does Japanese investment in the

(アメリカにおける日本の投資は気掛かりですか)

☐ 短期間にあれほど多くの資金を投資しているから気掛かりだ。

☐ とまる気配がない。

☐ これはわが国の政府が招いたほとんど手のつけられない状況だ。

☐ ある程度は心配である。(心配でないと言えばうそになる)

☐ アメリカを誇りに思っているし、アメリカの産業はアメリカ人が所有するほうがいい。

☐ 日本企業の労働者が組合組織化されていないのは気に入らない。

☐ I am concerned because they have invested such a large amount of money over a short period time.

☐ It appears that it's not going to stop.

☐ It's almost an uncontrollable situation that our government has allowed to happen.

☐ It does worry me to a certain extent.

☐ I'm very proud of America, and I prefer the idea of Americans owning American industries.

☐ I don't like the fact that their workers are not unionized.

Chapter 1

USA worry you?

- □ わが国だって外国に投資してきた。日本人がこの国に投資してどこがいけないのか。
- □ 資産を買っているからといってこの国を乗っ取ろうとしていることにはならない。
- □ 彼らでなければ、ほかのだれかになるだろう。
- □ 彼らが行っている投資は多くの場合、健全でアメリカ経済にとって必要なものだ。
- □ 彼らの投資がアメリカ人の競争意識を燃え立たせるなら、それはそれでいい。
- □ われわれの生産性と品質が日本の優位に立たなければ、日本たたきの根拠はない。
- □ われわれは自国の改善を図るための刺激として現状を熟視しているべきだ。
- □ わたしは日本の投資を心配していない。投資は遅からず国際化する。

- □ We've invested in foreign countries. What's wrong with the Japanese investing here?
- □ Just because they're buying property doesn't mean they're trying to take over the country.
- □ If it's not them, it would be somebody else.
- □ The investments they are making are sound and necessary in many ways for this economy.
- □ If their investments are what it takes to rekindle the spirit of competitiveness in this country, so be it.
- □ We really don't have a basis for Japan-bashing until our productivity and quality is superior.
- □ We should be looking at what's happening as a prod to get our own house in order.
- □ I don't fear Japanese investment—worldwide investment is going to happen.

SUBSIDIZING FARMERS

Chapter 2

Do you think the government should continue subsidizing farmers?
(農家に対する助成を続けるべきだと思いますか)

■ BACKGROUND

わが国に対し、農産物輸入自由化を強く迫るアメリカ。そのアメリカも自国内では農業政策をどのように舵取りすればよいかで揺れている。年間200億円もの負担を国民に強いている現在の農業政策。また、増税をしないことを公約して当選を果たしたブッシュ大統領は、政府支出を抑えたい意向だ。

世界の国々の中で、自国の農業に対して助成金、政府買い上げ、輸入制限等の保護を全くしていない国はまずない。このこと自体が農業の特殊性を浮き彫りにしているわけだが、このような保護は作る側の農民、食べる側の消費者の双方にとり、どのような利益と害悪をもたらしているか。そこがポイントである。

■ KEY WORDS

☐ **federal farm program(s)**　連邦政府の総合農業政策

1929-32年に世界を襲った大恐慌(Great Depression)の時代にローズベルト(Roosevelt)大統領がニューディールの一環として農業調整法(AAA)という連邦政府主導による包括的な農業政策を展開し、アメリカ農業をよみがえらせ、消費者への農産物の安定的供給を果たした。それ以後、農家への助成金を含む農業政策はアメリカの繁栄の基礎を成してきたという見方もある。

☐ **lobbyist**　ロビイスト

ある特定の団体の利益のために議会で裏工作する人をロビイストと呼ぶ。弁護士や政府高官経験者が報酬をもらって、立案から法案の成立や廃案のために議員に対して圧力をかける。農業政策に関しても多くのロビイストが農民の利益を守るために活躍している。

☐ **taxpayer**　納税者
既得権と闘う消費者というイメージを浮き彫りにさせる言葉で、アメリカではよく使われる。自分らが納めた税金が有効に使われているかに常に関心をよせるのが、アメリカの一般消費者。それにひきかえ、これまで内税方式ばかりだったせいもあって、日本の消費者には納税者としての意識がまだまだ薄い。

■ **RELATED WORDS & PHRASES**
☐農林水産省　the Ministry of Agriculture, Forestry, and Fisheries
☐農協　an agricultural cooperative
☐農地　farmland
☐農民票　the farm vote(s)
☐自由民主党　the Liberal Democrtic Party (LDP)
☐食糧安保　food security
☐自給自足　self-sufficiency
☐農産物　agricultural products; farm produce
☐輸入規制　import restrictions

What do you think?
- Is agriculture the backbone of our country?（農業はわが国の基幹産業か）
- Will many farmers go under if the government stops subsidizing them?（政府が助成金の支給をやめたら農家の多くは破産するか）
- Should we buy agricultural products produced in our country instead of importing them?（輸入せずに国産の農産物を買うべきか）
- Should we open up our markets to agricultural imports?（農産物輸入のために市場を開放すべきか）

SUBSIDIZING FARMERS

VOICE 1

Yes. The farmers supply food for us, so I think **we should be willing to help them, even if it means** paying higher food prices. We should be buying U.S. products anyway instead of importing them from other countries. We pay taxes on everything else. **Why not help** the farmers? **Why not help** our own people?

Marianne, 43
Automobile inspector
Kalamazoo, Mich.

■ STRATEGY

「われわれのために食糧を作っている農民に対して助成金を出すのはやぶさかではない」とし、農業特別論を展開。さらに「たとえ高くついても国産のものを買うべきだから」と付け加え、税金の無駄使いではないといった考えも提示している。

■ USEFUL EXPRESSIONS

□ **We should be willing to help them, even if it means** paying higher food prices. 「たとえ、食費がかさむことになっても、すすんで援助すべきだ」。取りざたされている悪い点をかんがみても、正しいことを貫き通そうとする考えを提示する際にピッタリの表現。

□ **Why not help** the farmers? 「どうして農民を助けてはいけないの」。つまり「農民を助けませんか」ということ。not のあとに動詞がくる。普段の会話でもよく使われる。

■ NOTES

□ **food prices** 食費
□ **to import** 輸入する

TRANSLATION

イエス。農民はわたしたちの食べ物を作ってくれているんですもの。すすんで援助すべきだわ。たとえその結果、食料品の値段が上がることになってもね。どっちみち、わたしたちは輸入品より、まずアメリカの国産品を買うべきでしょう。そうして農作物以外のものに税金を払っているのなら、農家を助けることに払ったっていいじゃない。同じアメリカ人として、仲間を助けるべきじゃない?

Chapter 2

VOICE 2

Not at the taxpayers' expense. By no means do I want farmers to go under, but taxpayers **can't afford to continue** footing the bill. Maybe we should look at the way some of the farmers are running the business. Like any other business, the guys who run them well do well, and those who don't do badly.

Robert, 58
Laboratory director
Lancaster, Pa.

■ STRATEGY

納税者の立場を前面に出した議論、その上で、効率よく農業を行っている農家もあることを指摘し、個人の能力が問題であると議論を展開。暗に助成金に頼っている農民を批判している。

■ USEFUL EXPRESSIONS

□ **Not at the taxpayers' expense.** 「納税者の負担で(犠牲で)するのはゴメンだ」。at ...'s expense は、at the expense of ... とも言い換えられる。

□ **By no means.** 「とんでもない」。質問に対して否定的に答えるときに有効な表現。上記のように文中で使う場合は、「決して…でない」という意味になる。

□ Taxpayers **can't afford to continue** footing the bill. 「納税者が負担し続ける余裕はない」。とてもじゃないですよ、というニュアンスを出したいときによく使う表現。

■ NOTES

□ **to go under** 破産する、失敗する

□ **to foot the bill** 経費などを負担する

TRANSLATION

納税者がカネを負担しなきゃならんのなら、反対だね。農民が破産したっていいってわけじゃ決してないが、われわれ納税者が負担し続けるのは無理だよ。ほかのビジネスと同じさ。うまくやってる農民のやり方を見倣うべきかもしれんな。うまくやってる者はやってるし、だめな者はだめなのさ。

SUBSIDIZING FARMERS

VOICE 3

I think so. I was born and raised on a farm, but we weren't subsidized back then. We did it on our own. We made a living at it, but **that's about all you could say. Our main problem today is that** we have too many imports, instead of relying on our own products that are produced by our own people.

Bill, 62
Ret. aircraft mechanic
Tulsa, Okla.

■ STRATEGY
自らが農家の出であることをバックにし、昔と今は違うことを強調している。このように話し手としての信頼性を高めることも、ストラテジーの大切な要素。

■ USEFUL EXPRESSIONS
□ **That's (about) all you could say.** 「それだけのことだ」。それですべて、ほかには何もないという感じで、相手の言ったことに対してや、過去を振り返ってコメントしたあとに、だから何なんだ——「何ということはない」というニュアンスを出すのに有効。

□ **Our main problem today is that...** 「われわれが今日抱える問題は…です」。問題提起をする際に最もよく使われるオーソドックスな表現のひとつ。

■ NOTES
□ **to be subsidized** 助成してもらう
□ **on one's own** 自分で、独力で
□ **to make a living at** 〜で生計を立てる
□ **imports** 輸入産品

TRANSLATION
ああ、そうすべきだね。ぼくは農家で生まれ育ったが、当時は助成金なんてものはなかったぜ。ぼくん家は、自力でやったし、それで生計をたてていたよ。そりゃ楽じゃなかったさ。だが、今問題なのは、輸入品が多すぎること。自分の国で作ったものより、輸入品に頼りはじめているってことだよ。

Chapter 2

VOICE 4

No. As a business person, you take your chances. **I don't mean to sound unsympathetic to farmers** because I have an uncle who's a small farmer. **But where do we draw the line? Maybe there are other ways to help without** subsidies. Where's the motivation if they're guaranteed a profit?

Sandra, 34
Administrative asst.
Bozeman, Mont.

■ STRATEGY

ビジネス・パーソンも農民も変わりはないという考えがもとになっている議論。自分にも小規模農業を営む叔父がいることを明らかにすることによって、相手の立場も十分にわかった上であえてこう考える、と言おうとしている。

■ USEFUL EXPRESSIONS

- **I don't mean to sound unsympathetic to farmers, but...**「農民に対して非同情的だというわけではないが、…である」。自分の考えを提示する前にひとクッション置きたいとき有効的な表現。

- **Where do we draw the line?**「どこで線を引くと言うのか」。相手の議論の基準がはっきりしないと批判したいときに効果がある。

- **Maybe there are other ways to help without** subsidies.「助成金以外に農民を助ける方法があるでしょう」。代案(alternatives)の可能性について話をする際に使う表現。

■ NOTES

- **to take one's chances** リスクを負う
- **subsidies** 助成金

TRANSLATION

ノー。商売には危険な賭けがつきものでしょう？ なんて言うと冷たいって思われるかもしれないけど、わたしにだってささやかに農業を営んでいる叔父がいるのよ。でもどこを限界にするの？ 助成金以外にも、援助する方法はあるんじゃないかしら。初めから利益を約束された商売なんて、やる気も失せちゃうでしょうし…。

SUBSIDIZING FARMERS

VOICE 5

The government **should** continue subsidizing independently owned farms, **but should not** the corporate-owned farms. I don't feel the government should subsidize corporations. I grew up on a farm, and we were never eligible for subsidies, **even though** we were prevented from growing wheat.

Haden, 47
Accountant
Flagstaff, Ariz.

■ STRATEGY
条件付きで賛成している。その条件とは会社が経営する農場は除外するということ。問題点を絞り込んだレベルの高い戦術。

■ USEFUL EXPRESSIONS
☐ **They should . . . , but should not . . .** 「彼らは…すべきだが、…してはいけない」。同意できる点と、そうでない点をはっきりと分けるのに使える表現。

☐ **. . . , even though . . .** 「…であるにもかかわらず…」。カンマの前までの点を強調するときに役立つ。

■ NOTES
☐ **independently owned farms** 個人所有の農場
☐ **corporate-owned farms** 企業が経営する農場
☐ **wheat** 小麦

TRANSLATION
政府は、個人経営の農家に対しては助成を続けるべきだが、企業組織の農場に対しては助成すべきじゃないね。政府が企業に助成金を払うってのは、どうも納得がいかないんだ。おれは農家に生まれ育ったんだ。小麦を作ることもできないのに助成金を受けることはできなかったな。

Chapter 2

VOICE 6

Knowing the condition the country **is in, I'd have to say no. It's a hard question to answer** because farmers are the backbone of the nation, and I respect their right to make a living. For a lot of them, farming is all they've ever known. The land is super important to them. But **how far do you go?**

Chrissie, 38
Social worker
Oak Lawn, Ill.

■ STRATEGY

相手の立場に同情的すぎて、自らの意見の論拠を説明しきれていない。日本人にはこのような発言をする人が多いので注意したい。

■ USEFUL EXPRESSIONS

☐ **Knowing the condition** the country **is in, I'd have to say no.**
「わが国が置かれている状況をかんがみれば、ノーと言わざるを得ない」。Knowingで始まる構文を使えるようになると意見の出し方の幅が広がる。また、I'd have toのように'd (would) を使うと同じ反対するのでも口調が柔らかになる。

☐ **It's a hard question to answer.** 「それは難しい問題だ」。何か質問されて、ひと呼吸置くときに有効。本当に難しい質問をされたときでも黙り込んでしまうのではなく、ひとまずこの表現を使うとよい。

☐ **How far do you go?** 「どこまで(どの程度まで)やるつもりか」。相手の言っていることが、限りのないことになるのではないかと暗に懸念を投げかけるときに有効。

■ NOTES

☐ **the backbone** 中心、主力

> **TRANSLATION**
> この国の状況を知っていれば、ノーと言わざるを得ないわね。そりゃ確かに、農民は国家を支えるバックボーンだし、彼らにも並の生活をする権利があるから、そう簡単には結論を出せない問題よ。ほとんどがこれまで農業一筋でやってきた人たちだし、土地は彼らにとっては何にも増して重要なのよね。でもわたしたちにどこまで彼らの面倒が見られるかしら?

SUBSIDIZING FARMERS

Do you think the government should
(農家に対する助成を続けるべきだと思いますか)

- □ 農民は私たちの食物を作ってくれるのだから、すすんで援助すべきだ。
- □ 何にでも税金を払っているのだから農家を助けるために払ってもいいではないか。
- □ 政府は、個人経営の農家に対しては助成を続けるべきだが、企業組織の農家に対しては助成すべきではない。
- □ 堅固な農業基盤がなければ国家として長期的困難を乗り越えることができない。
- □ 外国から輸入しないで国産品を買うべきである。

- □ The farmers supply food for us, so I think we should be willing to help them.
- □ We pay taxes on everything else. Why not help the farmers?
- □ The government should continue subsidizing independently owned farms, but should not the corporate-owned farms.
- □ No nation can endure long except upon a firm foundation of agriculture.
- □ We should be buying our own products instead of importing them from other countries.

Chapter 2

continue subsidizing farmers?

- □ 納税者が負担し続けるのは無理だ。
- □ 運営のやり方を見てみるべきかもしれない。他のビジネスと同様、やり方がよければうまくいくし、悪ければうまくいかない。
- □ 農民に冷たくする気はないが、どこを限界とするのか。
- □ 助成金以外にも援助する方法はあるだろう。
- □ 利益が保証されていたのではやる気が出ない。
- □ この国の現状を考えるとノーと言うしかない。
- □ 現在の主要な問題は、自国民が生産した国産品に頼らずに輸入品が多すぎること。
- □ 納税者の負担ではだめだ。

- □ Taxpayers can't afford to continue footing the bill.
- □ Maybe we should look at the way some of the farmers are running the business. Like any other business, the guys who run them well do well, and those who don't do badly.
- □ I don't mean to sound unsympathetic to farmers, but where do we draw the line?
- □ Maybe there are other ways to help them without subsidies.
- □ Where's the motivation if they're guaranteed a profit?
- □ Knowing the condition the country is in, I'd have to say no.
- □ Our main problem today is that we have too many imports, instead of relying on our own products that are produced by our own people.
- □ Not at the taxpayers' expense.

No

NUCLEAR POWER PLANT

Chapter 3

Do you think we need more nuclear power plants?
(原子力発電所はもっと必要だと思いますか)

■ BACKGROUND

1979年のスリーマイル島の事故直後、アメリカでは原発反対運動が盛り上がり、その後も反対派は根強く運動を繰り広げてきた。また、86年にソビエトのチェルノブイリ原発で大事故が発生して以来、アメリカのみならず全世界で原子力発電の安全性に関する議論が高まりを見せ、アメリカの電力会社も慎重な態度をとってきた。しかし、ここへきてこれまで発電開始が長年にわたり遅れていたニューハンプシャー州の原発が操業を開始することになったのをはじめ、ほかにも操業再開する原発が相次いでいる。

■ KEY WORDS

☐ **nuclear power generation**　　原子力発電

ウランを核分裂させることによって熱エネルギーを発生させる発電方式。日本では1963年に初めて発電に成功して以来開発が進んでおり、現在日本では総発電量の約30%、アメリカでは約20%を占めるにいたっている。放射能汚染、核廃棄物処理など問題も多いが、化石燃料(石油、石炭、天然ガスなど)のように炭酸ガスを発生しない。地球の温暖化や、酸性雨による森林の減少等が環境問題として大きく取り上げられるようになり、原子力が「きれいなエネルギー」として注目を集めるようになった。また、電力会社は経済性の論理から原子力発電の普及を考えている。

☐ **Three Mile Island Nuclear Power Plant**　　スリーマイル島(TMI)原子力発電所

1979年3月28日に放射能漏れ事故を起こした発電所。ペンシルベニア州のゴーズボローを流れる川にある中州をTMIと呼ぶ。圧力水型2号炉の故障や操作ミスなどが重なり冷却水が外部に出てしまう事

故を起こし、周辺住民に避難命令が出された。これ以降、原発反対運動が盛り上がった。しかし一方で、原発推進派は、この「重大な事故」にもかかわらず、死者はもちろん出なかった上に、周辺住民の被爆もごくわずかでなんら人体に影響がなかったとし、TMIでの事故は原発の安全性を証明したとも言っている。

□ **Chernobyl Nuclear Power Plant**　チェルノブイリ原子力発電所
1986年4月26日に史上最悪の事故を起こした発電所。ソビエトのキエフ市の北にある。通称黒鉛チャンネル炉で実験中に事故が起き、建物の屋根が吹き飛ぶ爆発を起こして職員2人が即死、その後も数十人の死者を出した。また、放射能汚染によるがんの発生等で今後数十年にわたり被害者が多数出ると予想されている。設計上に問題があった上に人為的ミスが重なったことが事故原因と見られている。

■ RELATED WORDS & PHRASES
□電力会社　a utility company; an electric power company
□原子炉　a nuclear reactor
□冷却水　cooling water
□放射能　radioactivity
□放射能漏れ　a radioactive leak
□再処理　reprocessing
□核廃棄物　nuclear waste(s)
□投棄場所　a disposal site
□化石燃料　fossil fuels
□温室効果　the greenhouse effect

What do you think?
- Are you concerned about the safety of nuclear power plants?（原子力発電所の安全性に不安を感じるか）
- Do you think that nuclear wastes can be disposed of properly?（核廃棄物は適切に処理されうるか）
- Are there any better alternative power sources? If so, what are they?（よりよいエネルギー源はあるだろうか。あるとすれば何か）
- Is nuclear power cheap energy?（原子力は安価なエネルギーか）

NUCLEAR POWER PLANTS

VOICE 1

Yes. Nuclear power is cheap energy, and **the more** it is available to us, **the more** it would benefit us in many ways. **Some of us are misled by** what we read in the paper. Maybe some of it is justified, but as lay people, we don't understand the fine points of nuclear power. So, **it would be unfair to** call it unsafe.

Mike, 60
Retired machinist
Worthington, Ohio

■ STRATEGY
「原発は安い」とし、経済性を高く評価した議論で、自らの考えの強いところを前面に出して強気に展開。安全性については素人がよくわからないでただ危険と決めつけるのはおかしいと付け加え、やや弱気。

■ USEFUL EXPRESSIONS
- **The more** it is available to us, **the more** it would benefit us in many ways. 「供給が増えれば増えるだけ、いろいろな面で利益をもたらすだろう」。The more . . . , the more . . . の構文も上手に使えると議論の幅が広がる。
- **Some of us are misled by** what we read in the paper. 「新聞で読んだことに惑わされる人もいる」。be misled by は相手の思い違いなどを指摘するのに有効な表現。
- **It would be unfair to** call it unsafe. 「安全でないと見なすのは不当である」。it のあとには形容詞か名詞がくる。

■ NOTES
- **lay people**　一般の人たち、素人
- **fine points**　細かい点、詳細

TRANSLATION
　イエス。原子力は安いエネルギーだし、もっと普及すれば、それだけいろいろな面で利益もあると思うよ。新聞の記事に惑わされているんだよ。中には本当のこともあるだろうけど、われわれ素人には原子力の細かい点がわからない。だから、危険だって決めつけるはおかしいと思うな。

Chapter 3

VOICE 2

No. While the long-term benefits of nuclear power would be an advantage, the risk of leaks or other disasters **is not worth having** the plants. **There are alternative power sources** that we could explore, such as coal, that are safer. Although I don't live near a nuclear plant, I'm still concerned about safety.

Stacy, 36
Marketing manager
Owings Mills, Md.

■ STRATEGY

長期的には原発の利点もある程度認めた上で、それでも「安全性」が問題としている。そして、やみくもに反対するのではなく、代替エネルギーがあることも示唆している。

■ USEFUL EXPRESSIONS

☐ The risk of leaks or other disasters **is not worth having** the plants. 「(放射能)漏れをはじめとする災害の危険を考えると原発を所有する価値はない」。It's not worth ... ing. という構文は応用範囲が広い。-ing 形の代わりに to 不定詞を使ってもよい。

☐ **There are alternative power sources.** 「代わりの電力資源がある」。相手の提案に対して、代案をぶつけるのに役立つ表現。There are alternatives. と簡単に言ってもよい。

■ NOTES

☐ **long-term benefits**　長い目で見た利益
☐ **leaks**　漏れ(リーク)
☐ **disasters**　災害

TRANSLATION

ノー。長い目で見れば、原子力の利用はそれなりに価値があるだろうけれど、リークやその他の惨事が起こる可能性を考えると、原発を利用する価値はないね。それよりもっと安全な、例えば、石炭とかの別のエネルギー源の開発を進めるべきだよ。ぼく自身は原子力発電所のそばに住んでいるわけじゃないけど、安全性については心配だね。

NUCLEAR POWER PLANTS

VOICE 3

There's a need for nuclear power, but we should have stricter controls over the handling of it **and more importantly,** over the disposal of it. Waste that is not disposed of properly could still wipe us out. Eventually, we'll have to use nuclear power because most likely we'll deplete our other resources.

Wanda, 44
Quality assurance sup.
La Palma, Calif.

■ STRATEGY

条件付きで原発に賛成。その条件とは、操作管理と廃棄物の取り扱いである。そして、ほかの燃料は枯渇するという予測を前提に、原発に頼るしかないとする現実派路線を打ち出している。

■ USEFUL EXPRESSIONS

☐ **There's a need for** nuclear power. 「原子力に対する必要性がある」。論点をまとめて提示するのに役立つ表現。for のあとには名詞または動名詞(-ing)がくる。

☐ **And more importantly...** 「さらに大切なことは、…」。前に言ったことよりもさらに重要な点を付け加えるのに役立つ。めりはりをつけるための表現。

■ NOTES

☐ **stricter controls** さらに厳しい規制
☐ **disposal** 廃棄
☐ **to deplete** 枯渇させる

TRANSLATION

原子力は必要だけど、その扱い方をもっと厳しく取り締まるべきだわ。特に廃棄処理の仕方ね。きちんと処理しないと、人類の滅亡ということにもなりかねないわ。いずれ、ほかの資源を使い果たしちゃうでしょうから、あとは原子力に頼るしかないんだもの。

Chapter 3

VOICE 4

Not necessarily, and not because of safety reasons. **I don't think for the long term** that nuclear power is **as** efficient or produces as much power **as** other sources. I agree that we're on borrowed time as far as fossil fuel is concerned, but **I'm not sure that** nuclear is the answer. **Perhaps the best answer is** solar power.

Bobby, 50
Chemist
Signal Mountain, Tenn.

■ STRATEGY

「必ずしもそうは思わない」と消極的な意見。「長期的にはほかのエネルギー資源のように効率的に電力を供給できない」という、反対派としては面白い見方を提示し、太陽エネルギーを代案として挙げている。

■ USEFUL EXPRESSIONS

☐ **Not necessarily.** 「必ずしもそうではない」。確固たる意見を述べるのでなく、相手の質問をひとまず軽くかわすときなどに有効。

☐ **I don't think for the long term** that nuclear power is **as** efficient **as** other sources. 「長期的に見れば、原子力発電はほかの資源のように効率的とは思われない」。for the long termは「長い目で見れば」という意味。比較を表すas...asの表現も使いこなしたい。

☐ **I'm not sure that** nuclear is the answer. **Perhaps the best answer is** solar power. 「わたしには原子力が答え（解決策）とはどうも思えない。おそらく太陽エネルギーがベストだろう」。

■ NOTES

☐ **to be on borrowed time** 先が見えている、いつ終わっても不思議はない

☐ **solar power** 太陽熱発電

TRANSLATION

必ずしも賛成はできないね。でも、安全性の問題が理由じゃないよ。長い目で見たら、効率的にも量的にも、原子力がほかの資源を上回るとは考えられない。確かに、化石燃料に頼っていられる時代は長くはないが、原子力が解決策とは思えないね。一番いいのは太陽エネルギーじゃないかな。

NUCLEAR POWER PLANTS

VOICE 5

In the long run, we will have to use nuclear power. **If** the nuclear power plants are guaranteed safe to operate, **then** they should be used. I think nuclear power would be of great benefit to us in a number of ways. In 10 years, we'll probably have more plants. They will have worked all the bugs out by then.

Edith, 49
Teacher
Montgomery, Ala.

■ STRATEGY

will と should がごっちゃに使われており、予測をしているのか、こうあるべきという自分の意見を述べているのかがわからず、論理が見えてこない。

■ USEFUL EXPRESSIONS

- **In the long run**, ... 「長期的には、…」。長期的な展望に立って物事を考えることに優れている日本人には大切な表現。
- **If ..., then ...** 「もし…であれば、…である」。If-then logic などと呼ばれる仮言演繹法(hypothetical deduction)の表現で、基本中の基本。

■ NOTES

- **to be guaranteed** 保証されている
- **to work out** 解決する
- **bugs** 欠陥

TRANSLATION

いずれは、原子力を使わざるを得ないと思うわ。もし原子力発電所の安全性が保証されるなら、利用されるべきよ。原子力を使うことによって、多くの面で利益が得られるはずだし、10年もしたら、原子力発電所は今よりもっと増えるでしょうね。それまでには、いろんな欠陥もすべて解決されているわよ。

Chapter 3

VOICE 6

As a citizen, I can see the need for nuclear power, but as a health care professional, **there needs to be** strong regulations to ensure safety and promote health for our citizens. We are about 30 miles from a nuclear power plant, and we run radiation disaster drills at work. We're pretty much prepared.

Denise, 26
Registered nurse
Danville, Pa.

■ STRATEGY
一般市民としてはある程度の必要性を認めるが、健康管理の専門家としては安全と健康のための規制をしっかりしてもらわなければ困るとし、論理の展開としては地に足が付いておらず弱い。その上、論題に対して直接的には答えていない。

■ USEFUL EXPRESSIONS
- **As a citizen, I can see the need for** nuclear power. 「一般市民として原子力の必要性はわかる」。As a ..., と始めると、自らの立場をはっきりさせて論をすすめることになる。I can see the need for ... の表現も同意する際に役立つ。
- **There needs to be** strong regulations. 「厳しい規制をする必要がある」。案を提示するときに役立つ表現。

■ NOTES
- **health care** 健康管理
- **disaster drills** 防災訓練

TRANSLATION
市民のひとりとしては、原子力の必要性はわかるけど、医療の専門家としては、やはり市民の安全を保障し、健康を促進するための規制が必要だと思うわ。わたしの病院は、原子力発電所から30マイルほどのところだから、放射能の惨事に備えた訓練を実施しているの。だからとりあえずは安心ね。

NUCLEAR POWER PLANTS

Do you think we need more

(原子力発電所はもっと必要だと思いますか)

☐ 原子力は安いエネルギーだ。

☐ 供給が増えれば増えるほど、いろいろな面で利益をもたらすだろう。

☐ 素人のわれわれには原子力の細かい点はわからない。だから危険と決めつけるのはおかしいと思う。

☐ 原子力の必要性があるのだ。

☐ いずれほかの資源を使い果たすだろうから、あとは原子力に頼るしかない。

☐ いずれは、原子力を使わざるを得ない。

☐ 原子力にはきっといろいろな面で大きな恩恵があると思う。

☐ 10年後には、たぶん発電所は増えているだろうし、それまでには現在の欠陥もすべて解決されているだろう。

☐ 一市民として、原子力の必要性は認める。

☐ Nuclear power is cheap energy.

☐ The more it is available to us, the more it would benefit us in many ways.

☐ As lay people, we don't understand the fine points of nuclear power. So, it would be unfair to call it unsafe.

☐ There's a need for nuclear power.

☐ Eventually, we'll have to use nuclear power because most likely we'll deplete our other resources.

☐ In the long run, we will have to use nuclear power.

☐ I think nuclear power would be of great benefit to us in a number of ways.

☐ In 10 years, we'll probably have more plants. They will have worked all the bugs out by then.

☐ As a citizen, I can see the need for nuclear power.

Yes

Chapter 3

nuclear power plants?

- □ 放射能漏れや他の惨事を考えると発電所を持つ価値はない。
- □ 石炭のように、もっと安全で開発可能な別のエネルギー源がある。
- □ 原子力発電所の近くに住んでいるわけではないが、安全性について気になる。
- □ 廃棄物を正しく処理しないと、人類の滅亡ということにもなりかねない。
- □ 長い目でみれば、原子力がほかの資源より効率的にも量的にも優れているとは思えない。
- □ 原子力が解決策だとは思えない。おそらく一番いいのは太陽エネルギーだろう。
- □ 市民の安全を保障し、健康を促進するための厳しい規制が必要だ。
- □ より安全だということは安全とは違う。

- □ The risk of leaks or other disasters is not worth having the plants.
- □ There are alternative power sources that we could explore, such as coal, that are safer.
- □ Although I don't live near a nuclear plant, I'm still concerned about safety.
- □ Waste that is not disposed of properly could still wipe us out.
- □ I don't think for the long term that nuclear power is as efficient or produces as much power as other sources.
- □ I'm not sure that nuclear is the answer. Perhaps the best answer is solar power.
- □ There needs to be strong regulations to ensure safety and promote health for our citizens.
- □ Safer doesn't mean safe.

FLAG BURNING
Chapter 4

Do you think flag burning should be banned?

(国旗を燃やすことを禁止すべきだと思いますか)

■ BACKGROUND

国旗とは何を意味しているのだろう。

日本では国旗掲揚に関して賛否両論がある。戦争を体験した人の中には日章旗に対して特別なものを感じる人もいるようだ。また沖縄県などでは国旗を燃やす事件が相次いだこともあった。

一方アメリカでは国旗を燃やすことを禁止する法案が取りざたされるほどだ。1990年5月に発表されたギャラップ社の調査では、71%のアメリカ人が国旗を"守る"ために憲法を改正することに賛成している。国旗とはいったい何なのだろうか。

■ KEY WORDS

□ **Old Glory**　　　［アメリカ口語］米国国旗

国旗を意味する最も一般的な表現は national flag。アメリカに国旗が誕生したのは独立革命中のことで、当時、大陸旗と呼ばれていた原型は、13の植民地を意味する赤白13本のストライプと、英国旗(the Union Jack)をミックスしたものだった。独立宣言後、ユニオン・ジャックの部分に、州を象徴する白星が描かれるようになった。星の数は新州が承認されるごとに増え、現在の星条旗 (the Stars and Stripes)には50個の星が光っている。

□ **Flag Protection Act**　　　国旗保護法

国旗を燃やす人々 (flag burners) から国旗を守るためにアメリカ議会が採択した法令。

□ **freedom of speech**　　　言論の自由

公の場で政府等の介入なしに意見を自由に述べられるよう、憲法で保障された権利。アメリカの憲法は1787年に起草され、1789年に発効。前文と7条から成る。その後さまざまな修正が加えられたが、

その最初のもの修正1条(First Amendment)で、言論・信教の自由を保障している。free speech、freedom of expression とも言い、the right to express one's opinion という意味。

■ RELATED WORDS & PHRASES
- 祝日　a national holiday
- 日本の国旗　the national flag of Japan
- 日の丸　the Rising-Sun Flag
- 右翼団体　a right-wing organization
- 極右的な人　an ultra-rightist
- 入学式　a school entrance ceremony
- 卒業式　a graduation ceremony; a commencement ceremony

What do you think?
- Does our flag symbolize our country? (わが国の場合国旗は国の象徴か)
- Are you proud of our national flag? (わが国の国旗に誇りを抱いているか)
- Do you become sentimental when you see the flag raised? (国旗が掲揚されるとき感傷的になるか)
- Do people have the right to burn the flag? (国旗を燃やす権利はあるか)

FLAG BURNING

VOICE 1

Yes. Any American boys who fought in any of the wars shed their blood for our people. They are proud of the flag and when it waves, it brings tears to their eyes, as it does mine. My heart beats faster when I sing *The Star-Spangled Banner* and see the flag raised. **It's a very sentimental thing.**

John, 61
Disabled police officer
Somerville, Mass.

■ STRATEGY

「国を守るために戦った若者たちにとって国旗は大切なものだ」という考えをベースに感情論を展開している。

■ USEFUL EXPRESSIONS

☐ **It's a very sentimental thing.** 「とても感傷的なものです」。感情的な説得をする際に有効。逆にただ単に感傷的になっているだけ、と言いたいときは、It's just a sentimental thing. と言えばよい。

■ NOTES

☐ **to shed blood** 血を流す、人を殺す
☐ **to be proud of the flag** 国旗を誇りに思う
☐ ***The Star-Spangled Banner*** アメリカ合衆国国歌。the Star-Spangled Banner は星条旗(アメリカ合衆国国旗)

TRANSLATION

イエス。戦争に行った連中はみんな、国民を守るために血を流して戦ったんだ。星条旗はみんなの誇りだし、空にはためく国旗を仰ぐとつい涙が出てくるってのは、おれだけじゃないはずだ。国歌を歌いながら国旗掲揚を見守るときなんか、胸がドキドキしてくる。非常に感傷的なものだよ。

Chapter 4

VOICE 2

No. Freedom of expression is a basic American right, guaranteed by our Constitution. **While I do not personally advocate** the burning of our national symbol, we need to remember that this is what a flag is—a symbol. And to me, individual rights **come before** governmental protection of a symbol.

Lynda, 33
Public relations exec.
Tulsa, Okla.

■ STRATEGY
「表現の自由」を前面に打ち出している。国旗は単に国家のシンボルにすぎず、そのシンボルを政府の介入によって守ることより、個人の権利のほうが優先されるとしている。

■ USEFUL EXPRESSIONS
☐ **While I do not personally advocate ...,**「個人的には…を主張したりしないが」。自らの考えを限定して述べるのに役に立つ。

☐ Individual rights **come before** governmental protection of a symbol.「政府による象徴の保護より個人の権利のほうが重要だ」。to come before は物事の優先度をはっきりさせたいときに役立つ。

■ NOTES
☐ **freedom of expression** 表現の自由
☐ **Constitution** 憲法
☐ **a national symbol** 国家の象徴

TRANSLATION
ノー。表現の自由は、憲法でも保障されている、アメリカの基本的人権のひとつよ。個人的には、国家のシンボルを燃やすようなことを主張しないけど、国旗はシンボルにすぎないってことを忘れてはいけないわ。わたしにとってはね、政府が国の象徴を守ることよりもまず、個人の権利が認められることのほうが大切だわ。

FLAG BURNING

VOICE 3

Yes. The flag is a part of us, something we should respect. It represents an outstanding part of our country. It's something we can be proud of. **Personally, I think something would have to be wrong with someone who** would burn the flag. I would like to see a constitutional amendment to protect it.

Evelyn, 54
Asst. office supervisor
Syracuse, N.Y.

■ STRATEGY

「国旗とは敬意を払うべきものであり、それを守るためには憲法改正が必要」と、賛成派としては正攻法の議論を展開している。

■ USEFUL EXPRESSIONS

☐ **Personally, I think ...** 「個人的には、…と思う」。あくまで個人的な考えですが、と限定的に話をするときに役に立つ表現。自分の所属する団体(会社)の意見を必ずしも代表していない考えを述べるときに便利。

☐ **Something would have to be wrong with someone who** would burn the flag. 「国旗を燃やそうなんて考える人はどこかおかしいに違いないのではないか」。something is wrong with で「〜のどこかがおかしい」という意味。ここでのwouldはいわゆる推量(えん曲)を表し、意見をオブラートに包むときに役に立つ。

■ NOTES

☐ **a constitutional amendment** 憲法改正

TRANSLATION

イエス。国旗は国民の分身のようなものだし、敬意を表さなきゃ。国を代表する重要な顔でもあるわけでしょう。みんな誇りに思っているはずよ。国旗を燃やそうなんて考える人は、どこかおかしいんじゃないかしらね。憲法に、国旗を守る条項が加わればいいと思うわ。

Chapter 4

VOICE 4

No. I do not think that the burning of the flag should be banned. **I find that** the flag symbolizes the United States, **but** it is a piece of cloth and, in a democracy, people certainly have the right to express themselves. **I certainly do not take** flag burning **as** a derogatory gesture against the United States.

Howard, 39
Catering director
North Hollywood, Calif.

■ STRATEGY

「表現の自由」を前面に立てた展開で、「国旗は単なる布切れ」とまで言い、首尾一貫している。

■ USEFUL EXPRESSIONS

☐ **I find that . . . , but . . .** 「(確かに)…だが、…だ」。相手の意見にやみくもに反対するのでなく、まず同意できる点をはっきりさせ、but 以下で自分の意見を言う表現。

☐ **I certainly do not take . . . as . . .** 「…を…と取る(見なす)ことは絶対にない」。自分の意見のポイントをまとめたり、誤解されそうな点を明確にするときによく使う。

■ NOTES

☐ **a derogatory gesture** (威厳などを)傷つける表現

TRANSLATION

ノー。国旗を燃やすことを禁止するべきだとは思わないな。確かに国旗は合衆国を象徴するものだけど、結局は一枚の布切れにすぎないんだからね。民主主義のもとでは、人民は自由に表現する権利がある。国旗を燃やすことが、合衆国の権威を損ねるような行為だとは全く思わないね。

FLAG BURNING

VOICE 5

Yes. The flag is a good symbol, and I don't believe in burning or stomping it, or doing anything that would detract from what it stands for. **That's going a little too far. If you want to** demonstrate your freedom of speech, **there are things that can be done or said other than** burning the flag.

Gary, 48
Research chemist
Marysville, Ohio

■ STRATEGY

「表現の自由を行使したければ、他の方法がある」として、反対派から反論として上がると予想される点を効果的にたたいている。

■ USEFUL EXPRESSIONS

☐ **That's going a little too far.** 「それは(あれは)少しやりすぎ」。相手の言動の行きすぎを批判するときに効果的。

☐ **If you want to ... , there are things that can be done or said other than ...** 「もし…したければ、…のほかにもやりようや言いようがある」。相手の目的は批判せずに、方法論を否定し、別の方法(alternative)があることを示唆する表現。

■ NOTES

☐ **to stomp** 踏みつける

☐ **to detract from** (価値などを)落とす

TRANSLATION

　イエス。国旗は大切なシンボルだからね。燃やしたり、踏みつけたり、威厳を損ねるようなことはすべきじゃないよ。何事にも限度ってものがあるだろう？　どうしても言論の自由を誇示したいと言うんなら、国旗を燃やす以外にも、いろいろな表現手段があるはずさ。

Chapter 4

VOICE 6

No. I believe it's a free country, and **you can** burn **whatever you want within the law. If you're going to stop people from** flag burning, **what else are you going to stop them from doing?** Burning the flag is certainly not something I would do, but if some people want to, they do have the right to do it.

Helena, 24
Photographer
Malvern, Pa.

■ STRATEGY

「国旗を燃やすことを禁止したら、次は何を禁ずることになるか」と、規制が雪だるま式に増える(snowball)ことを危惧している。また、最後に「自分はもちろんしないが」とことわっている点も、テクニックとして学びたい。

■ USEFUL EXPRESSIONS

□ **You can** burn **whatever you want within the law.** 「法律で許される範囲ならば何を燃やしてもよい」。whateverを上手に使うと英語表現の幅が広がる。

□ **If you're going to stop people from** flag burning, **what else are you going to stop them from doing?** 「もし国旗を燃やすことを禁止するなら、次にいったい何を禁ずるのだろうか」。相手の提案の次に予想されることに対する危惧を表すのにピッタリの表現。

TRANSLATION

ノー。ここは自由の国ですもの。法律を犯さない限り、何を燃やそうと個人の自由だわ。国旗を燃やしちゃいけないっていうことは、ほかにも自由を束縛される可能性があるっていうことでしょう? 国旗を燃やすなんて、わたし自身は考えもつかないことだけど、もしそうしたい人がいたら、だれにも止める権利はないわ。

FLAG BURNING

Do you think flag burning should

(国旗を燃やすことを禁止すべきだと思いますか)

☐ 国歌を歌いながら国旗掲揚を見るとき胸がドキドキしてくる。とても感傷的な問題だ。

☐ 国旗は国民の分身のようなものだし、敬意を表すべきものだ。それはみんなが誇りに思えるはずのものだ。

☐ 国旗を守る条項が、憲法に加わればいいと思う。

☐ 国旗は大切なシンボルだ。

☐ 燃やしたり、踏みつけたり、威厳を損ねるようなことはすべきじゃないと思う。それは少しやりすぎだ。

☐ 言論の自由を誇示したいと言うなら、国旗を燃やす以外にもいろいろな表現手段があるはずだ。

☐ My heart beats faster when I sing *The Star-Spangled Banner* and see the flag raised. It's a very sentimental thing.

☐ The flag is a part of us, something we should respect. It's something we can be proud of.

☐ I would like to see a constitutional amendment to protect the flag.

☐ The flag is a good symbol.

☐ I don't believe in burning or stomping it, or doing anything that would detract from what it stands for. That's going a little too far.

☐ If you want to demonstrate your freedom of speech, there are things that can be done or said other than burning the flag.

Yes

Chapter 4

be banned?

- □ 表現の自由は憲法でも保障されている基本的人権のひとつだ。

- □ 私にとっては、政府による国の象徴保護より、個人の権利のほうが重要だ。

- □ 国旗がわれわれの国を象徴するものだということはわかるが、結局一枚の布切れなのだ。民主主義のもとでは、当然、人は自分を表現する自由がある。

- □ 国旗を燃やすことが国の権威を損ねる行為だとは少しも思わない。

- □ 自由の国なのだから、法に違反しないかぎり何を燃やしてもかまわない。

- □ もし国旗を燃やすことを禁止したら、次には何を禁ずることになるだろう。

- □ 国旗を燃やすということは、私自身には考えられないが、もしそうしたいという人がいたら、そうする権利はある。

- □ Freedom of expression is a basic right, guaranteed by our Constitution.

- □ To me, individual rights come before governmental protection of a symbol.

- □ I find that the flag symbolizes our nation, but it is a piece of cloth and, in a democracy, people certainly have the right to express themselves.

- □ I certainly do not take flag burning as a derogatory gesture against our nation.

- □ I believe it's a free country, and you can burn whatever you want within the law.

- □ If you're going to stop people from flag burning, what else are you going to stop them from doing?

- □ Burning the flag is certainly not something I would do, but if some people want to, they do have the right to do it.

No

TOBACCO ADS

Chapter 5

Should tobacco ads be banned?
(タバコの広告を禁止するべきでしょうか)

■ BACKGROUND

アメリカでは喫煙する人の率は低下しているものの毎年39万人が、喫煙が何らかの影響を及ぼしたと見られる病気で死亡している。またたばこの不始末が原因で24万8000件の火事が発生し、1700人ほどが命を落としている。

禁煙運動の高まりにより、アメリカ国内線の6時間以内のフライトでは全面禁煙になったり、州によっては公共の場における喫煙を全面的に禁止したりしている。

一方わが国でも、1980年に当時の国鉄を相手取って争われたいわゆる「嫌煙権訴訟」などをはじめとして禁煙運動が高まりを見せ、禁煙車や空の禁煙便などが徐々に増えている。

■ KEY WORDS

☐ **cigarette ads**　　タバコの広告

tobacco ads とも言うが、文字通りたばこに関する宣伝を意味する。アメリカでは1971年以降テレビ・ラジオにおけるたばこのコマーシャルが禁止されている。しかし、新聞・雑誌などの活字メディアには依然として美男美女がおいしそうにたばこを吸っている写真付きの広告が掲載されている。わが国でも運動の高まりはあるものの、今でも依然としてテレビ・ラジオでのコマーシャルは特に規制されていない。

☐ **passive smoking**　　間接喫煙

たばこの煙を自分で吸う能動喫煙とは違い、たばこを吸っていない人が喫煙者が近くにいるために好むと好まざるとにかかわらず煙を吸ってしまう状態をさす。喫煙者が吸い込む煙と比較して、たばこの点火部分から立ち上る煙のほうが有害とされている。最近ではこの間接喫煙という言葉より一歩踏み込んで、強制喫煙（forcible smoking)とも言われる。

■ RELATED WORDS & PHRASES

- 嫌煙権　nonsmokers' rights
- 公共の場所　public places
- 嫌煙運動家　an anti-smoking activist
- 喫煙率　smoking rates
- 肺がん　lung cancer
- 妊婦　a pregnant woman
- たばこ会社　a tobacco company
- たばこ業界　the tobacco industry
- タール　tar
- ニコチン　nicotine

What do you think?

- Are you a smoker? If so, why did you start smoking?（あなたはたばこを吸うか。その場合吸いはじめたきっかけは何か）
- Do you think that tobacco ads are deceptive?（たばこの広告は人を惑わすと思うか）
- Do you think that banning tobacco ads will reduce the number of smokers?（たばこ広告の禁止で喫煙者の数は減ると思うか）
- Do you think that banning cigarette ads will violate freedom of speech?（たばこ広告の禁止は言論の自由を侵す行為だと思うか）

TOBACCO ADS

VOICE 1

Yes. The ads **make it look like** smoking **is the thing to do**, especially among young people. **I wouldn't be against them if** they said smoking was no good and showed a half-dead man. But they only show the pretty ladies and good-looking men. That's deceptive advertising. **It harms** impressionable people.

Horst, 51
Business owner
Bloomingdale, Ill.

■ STRATEGY

現在の広告の多くはかっこいい男女がたばこを吸っている写真を使うなど、特に若くて感受性の強い人たち(impressionable people)によくないと言っている。もし、広告がたばこの害を訴えるものであれば反対しないとし、広告そのものではなくその内容が問題だとしている。

■ USEFUL EXPRESSIONS

☐ The ads **make it look like** smoking **is the thing to do**. 「それらは喫煙をカッコいいことのように思わせてしまう」。

☐ **I wouldn't be against them if** they said smoking was no good. 「喫煙はよくありませんと言うのであれば、(広告に)反対はしない」。このように絶対ありえないことを仮定法を使って表現すると、聞き手の気持ちを引き付けるのに役立つ。

☐ **It harms** impressionable people. 「感受性の強い人に悪影響を及ぼす」。harm を動詞で使った例。簡単な表現だがスパッと決まる。

■ NOTES

☐ **deceptive advertising** 惑わす広告

TRANSLATION

イエス。広告は、煙草を吸うことを奨励しているようなものだからね。それも主なターゲットは若者だろう。ひん死の病人でも登場させて、喫煙は有害だと宣伝してくれてるなら反対はしないがね。実際に出てくるのは、きれいな女性にハンサムな男性と決まっている。あれはサギまがいの広告だよ。あのままうのみにしてしまう連中に悪影響を及ぼすからね。

Chapter 5

VOICE 2

No. I realize that you have to consider people who don't smoke. But **to smoke or not to smoke is a personal choice.** I've been a smoker for five years. **I started mostly because of peer pressure.** Banning tobacco ads won't reduce the number of smokers. People will smoke if that's what they want to do.

Mellissa, 21
Executive assistant
Montgomery, Ala.

■ STRATEGY
まず「たばこを吸うか吸わないかは個人の問題」としているが、論題と直接関係なく的外れの感じがする。広告の禁止に関しては「喫煙者の数を減らすことにはならない」と結び、個人の問題という点に結び付けようとしているが、突っ込みがいま一歩足りない。

■ USEFUL EXPRESSIONS
☐ **To smoke or not to smoke is a personal choice.** 「喫煙するかしないかは個人の選択の問題」。To . . . or not to . . . is . . . の文型は応用範囲が広い。
☐ **I started mostly because of peer pressure.** 「主に友だちの影響で始めた」。mostly because (of) は主たる原因について述べるときに役立つ。

■ NOTES
☐ **peer pressure** 仲間たちの誘い(圧力)
☐ **to ban** 禁止する

TRANSLATION
ノー。たばこを吸わない人の立場も考えるべきだとは思うわ。でも、吸うか吸わないかは、個人の選択でしょう。わたしが吸いはじめたのは、周りの友だちの影響だったし、たばこの広告を禁止したからって、たばこを吸う人間が減るとは思えないわ。だれだって、吸いたいと思ったら吸うわよ。

TOBACCO ADS

VOICE 3

I would like to see them banned. Tobacco kills about 390,000 people a year, according to the paper. The tobacco people very piously say they are not trying to get people to smoke. **That's malarkey.** They are trying to get people to smoke, and **I resent the fact that they're trying to** get young people to smoke.

Robert, 74
Retired Army chaplain
Scottsdale, Ariz.

■ STRATEGY

喫煙の犠牲者の具体的な数をまず提示するなど、害悪をボンと前面に出した強気の展開。たばこ会社の建て前論に対しては「たわごと」と決めつけている。

■ USEFUL EXPRESSIONS

☐ **I would like to see them banned.**「それらが禁止されてほしい」。bannedの部分に他の動詞の過去分詞を入れれば応用範囲が広がる。

☐ **That's malarkey.**「そんなのはたわごとだ」。かなり強い表現なので使うにあたっては注意が必要。

☐ **I resent the fact that they're trying to** get young people to smoke.「彼らが若者たちに喫煙させようとしている事実に憤慨している」。to resentは強くて少々硬い表現だが、どんな場面でも使える。

■ NOTES

☐ **according to the paper** 新聞によれば
☐ **piously** 偽善的にも
☐ **malarkey** ばかげた話、ほら
☐ **to resent** 憤慨する

TRANSLATION

禁止されたらいいと思うね。新聞で読んだんだが、たばこのせいで1年に39万人もの人間が死ぬそうだ。たばこを売っている人間は、喫煙を奨励しているわけじゃないと威張っているが、ありゃうそだ。事実、奨励しているじゃないか。広告が若者をターゲットにしているのには、腹が立つね。

Chapter 5

VOICE 4

No. **I'm strongly against** smoking, but I wouldn't ban the ads. When I see cigarette ads in magazines, I just pass them by. **It's not right to** let other people advertise their products but ban tobacco ads to please other people's needs. If they advertise liquor, underwear and cars, they should advertise tobacco.

Marian, 18
Student
Youngstown, Ohio

■ STRATEGY
「喫煙」そのものと「広告の禁止」を分けて考えている冷静派。たばこ以外にも悪い商品があるのに、たばこの広告だけを禁止するのはおかしいとしている。

■ USEFUL EXPRESSIONS
☐ **I'm strongly against** smoking.「喫煙には絶対反対だ」。I'm against... は反対の考えを述べる上で最も基本的な表現。

☐ **It's not right to**...「…することは正しくない」。これも簡単だが、ぜひ覚えておきたい基本表現。

■ NOTES
☐ **needs** ニーズ(要求)
☐ **liquor** 酒類、アルコール飲料
☐ **underwear** 下着類

TRANSLATION
ノー。わたし自身は、喫煙には大反対だけど、広告を禁止する必要はないわ。雑誌にも広告が載っているけど、読まないわ。ほかの製品は自由に広告させておいて、ほかの人たちのニーズを満足させるためにたばこの広告を禁止するのは、間違っていると思うわ。お酒や下着や車の広告があるのなら、たばこの広告もあっていいでしょ。

TOBACCO ADS

VOICE 5

All tobacco ads **shouldn't be banned.** But if they glamorize something that's bad for your health and target a high-risk group, then I'm against them. They're trying to entice people in high-risk groups to buy their products, and **I don't see how** the tobacco companies **could**, in conscience, **do that.**

Mary, 46
Computer operator
Oklahoma City, Okla.

■ STRATEGY
「全面的に禁止せよというわけではないが」と前置きしておいて、If-then logic を巧みに使った議論慣れした展開。

■ USEFUL EXPRESSIONS
- □ **All** tobacco ads **shouldn't be banned.**　「たばこの広告すべてを禁止すべきではない」。all は not を伴うことによって「すべてが…とは限らない」というように部分否定になる。
- □ **I don't see how** the tobacco companies **could do that.**　「どうしてそのようなことをたばこ会社ができるのか気がしれない」。相手を直接批判するときは you を使う。

■ NOTES
- □ **to glamorize**　美化する
- □ **a high-risk group**　危険にあう可能性の高いグループ
- □ **to entice**　そそのかす
- □ **in conscience**　良心にかけて

TRANSLATION
たばこの広告すべてを禁止するべきだとは思わないわ。でも、健康に悪いものを美化したり、ナイーブな若者をカモにした広告は許せないわね。そそのかされやすい人たちを狙って商売しようなんて、たばこ会社の良心を疑うわね。

Chapter 5

VOICE 6

No. This is America, where we have freedom of speech. **If you take away the right to** advertise tobacco, **what else would be banned?** I wouldn't ban the ads, but every American should be fully educated about the effects of smoking tobacco. **It's up to the individual whether he wants to** smoke **or not.**

Thomas, 47
Autoworker
Grand Blanc, Mich.

■ STRATEGY

「表現の自由の侵害」を問題視している。そして最終的には個人の問題であると締めくくっている。

■ USEFUL EXPRESSIONS

☐ **If you take away the right to** advertise tobacco, **what else would be banned?** 「たばこを広告する権利が取り上げられたら、次には何が禁止されるのだろう」。新しい方策の弊害を論じるときに役立つ構文を使っている。what else の使い方も研究しておきたい。

☐ **It's up to the individual whether he wants to** smoke **or not.** 「喫煙したいかどうかは各個人の判断による」。It's up to ... は普段の会話でもよく使われる表現。

■ NOTES

☐ **to take away**　（権利などを）奪う
☐ **effects**　影響

TRANSLATION

ノー。ここはアメリカだぜ。言論の自由が保障されているはずだ。たばこを広告する権利を取り上げるってことは、ほかのことも禁止される可能性があるってことだろう。広告を禁止するよりも、喫煙の影響についての教育を徹底するべきだね。それで煙草を吸うか吸わないかは、個人の自由だろう？

TOBACCO ADS

Should tobacco ads be banned?
(タバコの広告を禁止するべきでしょうか)

☐ すべきだ。広告は喫煙をカッコいいことにしてしまう、特に若者には。

☐ それは人を惑わす広告だ。感じやすい人たちに悪影響を及ぼす。

☐ それらを禁止してほしい。

☐ たばこ会社は喫煙を奨励している。腹が立つのは、彼らが若者に吸わせようとしていることだ。

☐ たばこの広告は危険にあう可能性の高い人たちをそそのかして、製品を買わせようとしている。会社の良心を疑うね。

☐ 私は喫煙に絶対反対だ。

☐ 新聞によると、たばこで年間39万人が死んでいる。

☐ すべてのアメリカ人は喫煙の影響について、十分に教育されるべきだ。

☐ Yes. The ads make it look like smoking is the thing to do, especially among young people.

☐ That's deceptive advertising. It harms impressionable people.

☐ I would like to see them banned.

☐ The tobacco people are trying to get people to smoke, and I resent the fact they're trying to get young people to smoke.

☐ The tobacco ads are trying to entice people in high-risk groups to buy their products, and I don't see how the tobacco companies could, in conscience, do that.

☐ I'm strongly against smoking.

☐ Tobacco kills about 390,000 people a year, according to the paper.

☐ Every American should be fully educated about the effects of smoking tobacco.

Chapter 5

- □ たばこを吸うか吸わないかは、個人の選択の問題だ。
- □ たばこを吸いたいと思うか思わないかは、個人の自由だ。

- □ 人はだれだって吸いたいと思ったら吸う。
- □ 私が吸いはじめたのはまわりの友だちの誘いからで、たばこの広告のせいではない。
- □ たばこ広告の禁止が喫煙者を減らすことにはならないだろう。
- □ 雑誌に広告が載っていても、読みとばしてしまう。
- □ お酒や下着や車の広告があるなら、たばこの広告もするべきだ。

- □ ここはアメリカで、言論の自由が保障されている。
- □ たばこを広告する権利が取り上げられたら、次には何が禁止されるのだろう。

- □ To smoke or not to smoke is a personal choice.
- □ It's up to the individual whether he wants to smoke or not.
- □ People will smoke if that's what they want to do.
- □ I started smoking mostly because of peer pressure, not because of tobacco ads.
- □ Banning tobacco ads won't reduce the number of smokers.
- □ When I see cigarette ads in magazines, I just pass them by.
- □ If they advertise liquor, underwear and cars, they should advertise tobacco.
- □ This is America, where we have freedom of speech.
- □ If you take away the right to advertise tobacco, what else would be banned?

SCHOOL DRESS CODES

Chapter 6

Do you think school dress codes are strict enough?

（学校の服装規定は十分だと思いますか）

■ BACKGROUND

アメリカの中学や高校では日本と違い、ほとんどの場合制服がない。また、学校の規則も悪名高き日本のそれと違い事細かに規定されていない。女の子の場合はピアスのイアリングや口紅などは当たり前。そのアメリカで服装規定が十分であるかどうかの論議が起こっているという。

スポーツジャケット、革ジャン、高級スニーカー、それに宝石類などが問題になっているわけだが、「教育上よろしくない」というような漠然とした理由ではなく、「犯罪の誘因になっているから」だと言う。日本の番長グループにあたるギャングの餌食(えじき)になってしまうのである。

では、校則を厳しくしたり制服を採用してはとも思うが、そこは「個性」を重んじるアメリカ。スンナリいくわけがない。

一方、厳しすぎると言われる日本の校則は、徐々に緩和の方向に進んでいる。服装自由のアメリカから学べる点は何か。

■ KEY WORDS

□ **dress codes**　　服装規定

洋服や身だしなみに関する規則。アメリカ各地の学校で、特定の装身具を禁止したり、自主的な服装自粛を呼びかけたり、服装に関する規定は徐々に厳しくなりつつある。

□ **designer items**　　ブランド品

アメリカ人のブランド志向は日本にくらべ大したことはないものの、大都市周辺の若者の中にはブランド物に憧れを抱いている者も多い。ブランド服のことは designer clothes と言う。

□ **athletic apparel**　　スポーツ衣料品

日本と同じくアメリカでも若者の間では有名スポーツ品メーカーのスポーツ衣料品が大人気を博している。特にジャケットやスニーカ

ーが人気の的。

■ RELATED WORDS & PHRASES
- 規則　regulations
- 個性　individuality
- 価値観　a sense of values
- 柄　a pattern
- 派手な　showy; loud
- 最新の流行　the latest trends
- 学童(たち)　schoolchildren
- 軍隊　armed forces
- 番長グループ　a gang
- 犯罪　a crime
- 盗み　theft
- 革ジャン　a leather jacket

What do you think?
- Is there any problem with the way high school students dress?（高校生の服装に問題はないか）
- Do you think that students should be able to wear what they want?（学生は自分の好きな服を着てよいと思うか）
- Do you think that making the dress codes stricter would badly affect the individuality of students?（服装規定を強化すると学生の個性に悪影響を及ぼすと思うか）
- Do you think that the dress codes for teachers are strict enough?（教師の服装規定は十分だと思うか）

SCHOOL DRESS CODES

VOICE 1

Yes. **As far as I know,** we don't have a dress code at my school **aside from** wearing a shirt and shoes and not coming to school half naked. **I don't think** dress codes **should be any stricter.** Clothes are a way to be your own individual, to project an image of yourself that you'd like other people to see.

Matt, 14
Student
Stevensville, Mich.

■ STRATEGY

自分の学校には特別な服装規定がないことにまず触れ、服装とは個性を表現するものであるとしている。しかし、狭い範囲での具体例(ここでは自分の学校の例)をもとにして話に入るのは戦略上あまりよくない。

■ USEFUL EXPRESSIONS

☐ **As far as I know, ...** 「私の知るかぎりでは、…」。自分の手持ちの資料や知識に限定があることを示し、柔軟な態度を示すのに有効。

☐ **aside from ...** 「…を除いて」。否定文に挿入句的に使い、例外について付け足すときに便利な表現。

☐ **I don't think** dress codes **should be any stricter.** 「服装規定をさらに厳しくすべきではないと思う」。any と比較級の使い方に注目。

■ NOTES

☐ **half naked** 半分裸で
☐ **to project** 映し出す、投影する
☐ **an image of oneself** 自身のイメージ

TRANSLATION

イエス。ぼくの学校では、シャツを着て靴を履いてくるってこと以外、なんの規定もないと思うよ。とにかく、裸同然では来るなってことだろう。これ以上厳しい規定を作る必要もないんじゃないかな。服装はそれぞれ自分の個性を表現するものだし、ほかの人に対して自分のイメージをアピールするものなんだから。

Chapter 6

VOICE 2

No. **They're too loose. There should be some type of** guidelines for students without their losing their individuality. Wearing beepers to school should be out. That's crazy. And all the jackets and clothes that specify a particular gang should be out, too. Wear them after school, but not while school is in.

Marilyn, 54
Design draftsman
Baldwinsville, N.Y.

■ STRATEGY

"No. They are too loose."「いいえ。(服装規定は)甘すぎる」とガツーンと先制パンチを振るっている。個性を失わない範囲で規定を厳しくすることを提唱しており、相手の反論を読んでの議論。具体的な考え(プラン)まで提示しており、なかなかコンパクトにまとまっている。

■ USEFUL EXPRESSIONS

□ **They're too loose.** 「それらは甘すぎる」。too のあとの形容詞を置き換えればいろいろ変化がつけられる。やさしい上に応用範囲の広い表現。

□ **There should be some type of** guidelines for students. 「学生に対して何らかのガイドラインが必要だ」。客観的な見地から提案をするようなときに役立つ言い回し。

■ NOTES

□ **beepers** ポケットベル(アメリカでは麻薬などの秘密取引によく使われる)

□ **to specify** 特定化する、表す

TRANSLATION

ノー。甘すぎるわ。学生の個性をつぶさない範囲で一種のガイドラインを引くことが必要だと思うわ。まず、学校にポケットベルを携帯していくのは禁止すべきね。ばかげてるわよ。それに、番長グループの名前が入ったジャケットや服なんかも禁止ね。どうしても着たければ、放課後着ればいいでしょ。学校ではだめよ。

SCHOOL DRESS CODES

VOICE 3

It depends on where you live. **From what I see** in the schools in our area, there is no problem. And **if I were** a public-school student, **I would like** the freedom of choice. But in places like New York and Los Angeles where there are gangs, **I would think** the dress codes **would have to** be a little strict.

Shirley, 43
Business owner
Cocoa, Fla.

■ STRATEGY

「この問題は住んでいる場所による」とし、問題をアメリカ全体として一般化することは難しいという意見。しかし、暴力グループが存在するような大都市では、厳しくする必要を認め、限定付き賛成派。

■ USEFUL EXPRESSIONS

- **It depends on** where you live. 「住んでいるところによる」。It depends on . . . の表現は断定的な答えを避け、相手の考えを探るときなどに役立つ。
- **From what I see** . . . 「私が見ているかぎりでは…」。自らの知識や情報が限られていることを正直に言うときに使う。
- **If I were** . . . , **I would like** . . . 「もし私が…だったら、…がほしい(…を好む)であろう」。おなじみの仮定法。
- **I would think** the dress codes **would have to** be a little strict. 「多少厳しくしてもしょうがないのではないか」。would によって遠回しな柔らかいタッチを表現できる。

■ NOTES

- **a public-school student** 公立学校生

TRANSLATION

どこに住んでいるかによって、違ってくるんじゃないかしら。わたしの町の学校では、何も問題はないようよ。もしわたしが公立学校の生徒だったら、選択の自由がほしいわね。でも、ニューヨークやロサンゼルスみたいに番長グループがいるところでは、服装の規定も少し厳しくならざるを得ないと思うわ。

Chapter 6

VOICE 4

In general, dress codes in the schools are not strict enough. **But more importantly,** it's what we're teaching our kids—values, ethics and morals, or the lack of them—**that's the problem and not the** dress. **Learning begins in the home.** We should not depend on the schools to do all the teaching.

Bennett, 33
Chauffeur
Monrovia, Calif.

■ STRATEGY
「服装規定は十分でない」と一般論を述べたあとで、服装よりも家庭での教育が大切であるとしている。話が大きく広がりすぎていて、まとまりに欠ける。

■ USEFUL EXPRESSIONS
- **In general, ...** 「一般的には、…」。一般論を展開するときに有効。
- **But more importantly, ...** 「しかし、さらに重要なことは…」。視点を変えて本質に迫るときに使う表現。
- **That's the problem and not the** dress. 「それが問題であって、服装ではない」。問題の根本について言及する際に役立つ。and は省略してもよい。
- **Learning begins in the home.** 「学習は家庭から始まる」。意見をまとめるときに使える表現。

■ NOTES
- **ethics** 倫理観
- **morals** 道徳

TRANSLATION
一般的には、通学服の規定は甘すぎると思うね。だがそんなことより、学生に学校で教えていること、つまり価値観とか倫理観とか道徳とか、あるいはその欠落が問題なんだ。服装自体はそう重要なことじゃない。大体、学習は家庭で始めるものだしね。教育すべてを学校に任せるのは間違っているよ。

SCHOOL DRESS CODES

VOICE 5

I don't think the dress codes are strict enough for teachers. When I was in school, the women always wore pretty dresses, and the men wore suits and ties. Now, **you can't tell** the teachers **from** the students. **As far as** students **are concerned, they should be able to** wear what their parents can afford.

William, 48
Retired marine
Jacksonville, N.C.

■ STRATEGY

学校の服装規定というトピックを教師を対象に考えていて面白い。議論の相手をビックリさせることができるかもしれない。まさしく〝せんせい〟パンチを与えた上で、生徒に関しては両親の経済事情が許す範囲で何を着てもよいとし、ユニークな論を展開している。

■ USEFUL EXPRESSIONS

☐ **You can't tell** the teachers **from** the students. 「先生と生徒を区別できない」。

☐ **As far as** students **are concerned,**... 「学生に関しては、…」。議論の枠組みを設定するのに役立つ表現。

☐ **They should be able to**... 「彼らは…できて当然です」。権利を主張する際に役立つ表現。

■ NOTES

☐ **to afford** ～する(経済的・時間的)余裕がある

TRANSLATION

教師の服装に対する規定が甘すぎると思うね。わたしが学生だったころは、女性はいつもきれいなドレスを着ていたし、男性はスーツにネクタイをしていたものさ。ところが、今じゃ先生だか生徒だかさっぱり見分けがつかない。学生に関して言えば、親が買ってやれるものを着ていられるようにすべきじゃないかな。

Chapter 6

VOICE 6

No. Kids are going to school looking a little bit on the cruddy side. I saw a girl recently in high school in high-heeled shoes, a short, short skirt and a top that didn't cover her breasts. The dress codes **should definitely be stricter.** And it's just certain kids who dress this way. Other kids are different.

Edna, 60
Secretary
Paul, Idaho

■ STRATEGY
最悪の例を引き合いに出し、論を展開している。聴衆の意識を引き付けるのには有効。

■ USEFUL EXPRESSIONS
☐ The dress codes **should definitely be stricter.** 「服装規定は絶対に厳しくすべきだ」。definite は should と be の間に入れるのが原則。definitely を入れると気持ちを強く打ち出せる。質問に対して、「その通り」という意味で "Definitely." が使える。

■ NOTES
☐ **cruddy** ひどい
☐ **high-heeled shoes** ハイヒール
☐ **a top** トップ(上半身に着る衣服)

TRANSLATION
ノー。子供たちの服装は、ちょっと乱れているようだわね。この間高校で見かけた女の子なんて、ハイヒールに、とっても短いスカート、胸がはみだしているようなシャツという格好だったもの。服装の規定はもっと厳しくするべきよ。もちろんこんなカッコウをしているのは、ごく一部で、ほかの子供たちはまともだけれどもね。

SCHOOL DRESS CODES

Do you think school dress codes

(学校の服装規定は十分だと思いますか)

☐ 服装規定をこれ以上厳しくすべきだとは思わない。

☐ 服装はそれぞれの個性を表現し、ほかの人に見てもらいたい自分のイメージを投影するものだ。

☐ 私の地域の学校で見るかぎり、問題はない。

☐ もし私が公立学校の生徒だったら選択の自由がほしい。

☐ 子供たちに教えていること、つまり価値観とか倫理観とか道徳、あるいはその欠落が問題なので、服装ではない。

☐ 学習は家庭で始めるもので、教育すべてを学校に任せるべきではない。

☐ 学生に関して言えば、親が買えるものを着ていられるようにすべきだ。

☐ I don't think dress codes should be any stricter.

☐ Clothes are a way to be your own individual, to project an image of yourself that you'd like other people to see.

☐ From what I see in the schools in our area, there is no problem.

☐ If I were a public-school student, I would like the freedom of choice.

☐ It's what we're teaching our kids — values, ethics and morals, or the lack of them — that's the problem and not the dress.

☐ Learning begins in the home. We should not depend on the schools to do all the teaching.

☐ As far as students are concerned, they should be able to wear what their parents can afford.

Chapter 6

are strict enough?

- □ (服装規定は)甘すぎる。
- □ 一般的に、学校の服装規定は甘すぎる。
- □ 服装規定は絶対に厳しくすべきだ。
- □ 生徒の個性を失わせない範囲で、何らかのガイドラインが必要だ。
- □ 番長グループの名前が入ったジャケットや服も禁止すべきだ。
- □ (そういう服は)放課後着ればいい。学校にいるときはダメ。
- □ ニューヨークやロサンゼルスみたいに番長グループがいるところでは、服装規定も少し厳しくならざるを得ないのかもしれない。
- □ 子供たちはちょっと乱れた身なりで学校に通っている。
- □ 教師に対する服装規定が甘すぎる。今じゃ先生だか生徒だか、さっぱり見分けがつかない。

- □ No. They're too loose.
- □ In general, dress codes in the schools are not strict enough.
- □ The dress codes should definitely be stricter.
- □ There should be some type of guidelines for students without their losing their individuality.
- □ All the jackets and clothes that specify a particular gang should be out, too.
- □ Wear them after school, but not while school is in.
- □ In places like New York and Los Angeles where there are gangs, I would think the dress codes would have to be a little strict.
- □ Kids are going to school looking a little bit on the cruddy side.
- □ I don't think the dress codes are strict enough for teachers. Now, you can't tell the teachers from the students.

ILLEGAL IMMIGRATION Chapter 7

Do you think illegal immigration is a problem?
(非合法移民は問題だと思いますか)

■ BACKGROUND

アメリカの法務省(Department of Justice)の中に通称 Immigration と呼ばれる移民・帰化局 (Immigration and Naturalization Service) があり、外国人の出入国を管理している。

移民の国アメリカの歴史は、不法入国者や不法就労者とのかかわりなしでは語れない。特にここ十数年は、中南米とアジアからの不法入国・就労者が問題視されている。

1986年の移民改正法(1986 Immigration Reform Act)の施行により、不法就労者を働かせた雇用主に対し罰金刑を科すようになった。この改正法の主な目的は、アメリカ国民の就労の機会を保護するためであった。しかし、この法改正後、アメリカでの市民権を持っていても名前や容姿がヒスパニックやアジア系の人は雇わないという雇用主が増え、人種差別がまんえんするようになった。

一方、日本でも近年外国人労働者問題が大きく取りざたされるようになった。仕事不足に悩む発展途上国の人たちと、人手不足に悩む日本の中小企業の需要と供給がマッチして外国人労働者の数はウナギのぼり。そしてその多くは、いわゆるブローカーがあっせんした違法就労者たち。日本政府は1990年6月に出入国管理及び難民認定法(Immigration Control and Refugee Recognition Law)を改正し、未熟練労働者を雇用した事業主に対する罰則規定を設けた。

■ KEY WORDS

☐ **unskilled workers**　　未熟練(単純)労働者

日本政府は1990年6月1日の出入国管理及び難民認定法の改正により、就労許可(work permit)を与えることのできる職種をこれまでの18から28に増やした。これらの28の職種にあてはまらない仕事(例え

ば土木作業)に従事する労働者を unskilled workers と呼ぶ。これらの未熟練労働者は、観光ビザや学生ビザで入国し、不法に就労している。

■ RELATED WORDS & PHRASES
- 労働条件　working conditions
- 労働基準法　the Labor Standards Law
- 外国人肉体労働者　foreign laborers
- 手仕事　manual labor
- 契約　contract
- 中小企業　small and medium-sized companies

What do you think?
- Do you think that foreign workers are necessary for keeping our economy growing?（経済成長のために外国人労働者は必要だと思うか）
- Do you think that accepting more foreign workers will enrich our culture?（もっと多くの外国人労働者を受け入れることでわれわれの文化が豊かになると思うか）
- Do you think that accepting unskilled workers from abroad is one of the effective ways of helping out their countries?（未熟練労働者を受け入れることが彼らの国を援助する有効手段のひとつと思うか）
- Do you think that employers are discriminating against Japanese citizens who have foreign names and/or look foreign?（雇用主が外国名を持ったり外国人に見えたりする日本国市民を差別していると思うか）

ILLEGAL IMMIGRATION

VOICE 1

No. Aliens are taking the jobs that nobody else wants. **They say** the unemployment rate is high, **but** in our area, employers complain that they can't get anybody to fill the jobs that are available. The employer sanctions **are unfair because** it's difficult for employers to determine who is legal or illegal.

Dianne, 39
Office manager
Taylors, S.C.

■ STRATEGY
外国人はアメリカ人がしたがらない仕事をしているので問題ないとしている現実派。また、雇い主には合法か非合法か区別がつかないので、非合法者を雇った者を罰する現在の法律はよくないとしている。

■ USEFUL EXPRESSIONS
□ **They say . . . , but . . .** 「彼らは…と言っているが、(本当は)…だ」。議論をしている相手に直接語りかける場合は you を使う。しかし、一般論を言っている場合や、ディベートなどで聴衆に語りかける場合は they。この They say . . . , but . . .は相手に反論するときの基本表現。

□ **. . . is/are unfair because . . .** 「…は公正ではない。というのは…」。まず結論を述べてその理由を付け加えるときの一般的表現。

■ NOTES
□ **the unemployment rate** 失業率
□ **sanctions** 制裁

TRANSLATION
ノー。外国人はほかの人たちがしたがらない仕事に就いているわ。それに失業率が高いと言われているけれど、この辺では雇い主たちが「仕事はあるのに、やってくれる人がいない」ってこぼしているわよ。それから雇い主への制裁措置はフェアじゃないわ。なぜって、雇い主にはだれが合法的で、だれが非合法かを判断するのは難しいもの。

Chapter 7

VOICE 2

Illegal immigration **has gotten out of hand. I do feel bad for** the immigrants who come here looking for a better life, but there should be tighter controls on the number we let in, and employers are the ones who are going to have to do it. Employer sanctions will have to affect large and small businesses.

Mary, 41
Business owner
Auburn, N.Y.

■ STRATEGY

非合法の移民は手のつけられない状況になっているという現状分析を中心に論じている。移民者に対しては同情しているものの、規制の必要性を訴えている。

■ USEFUL EXPRESSIONS

☐ Illegal immigration **has gotten out of hand.**「不法移民は手に負えなくなった」。現状分析をする際、問題の重要性や緊急性を訴えるのに役立つ。

☐ **I do feel bad for** the immigrants.「移民者のことは気の毒に思う」。同情する気持ちを伝えるのに役立つ。

■ NOTES

☐ **a better life** よりよい生活
☐ **large and small businesses** 大小の企業

TRANSLATION

非合法移民は手に負えなくなってきてます。よりよい生活を求めてここへ来る移住者たちのことは気の毒に思っていますけど、受け入れる人数に関してもっと厳しい規制があるべきです。そしてその義務を負わされることになるのは、雇用主たちです。いずれ雇用主への制裁措置は、大企業にも中小企業にも適用されなければならなくなるでしょうね。

ILLEGAL IMMIGRATION

VOICE 3

Overall, illegal immigration is a problem because sooner or later, county governments **will have to pick up the tab for** social needs. But **the particular problem I see with** sanctions **is** that a lot of bosses **don't want to go through the hassle of** check**ing** I.D. if someone named Gonzales, Garcia or Soliz walks in.

Oscar, 56
District clerk
Corpus Christi, Texas

■ STRATEGY
非合法移民の問題は、地元に経済的な負担が生じるのでよくないとしているが、あまり具体的でない。雇用主への制裁に関しては、外国人のような名前を挙げ、差別につながる可能性を訴えて反対している。

■ USEFUL EXPRESSIONS
□ **Overall**, ... 「全般的に見て…」。文頭に使って、全体的なコメントをするのに役立つ。
□ County governments **will have to pick up the tab for** social needs. 「郡政府が広範な社会的ニーズの費用を持たざるを得なくなる」。tab には値札とか勘定書という意味がある。
□ **The particular problem I see with** ... **is** ... 「…に関して特有であると思う問題は…だ」。核心をつくのに役立つ表現。
□ ... **don't/doesn't want to go through the hassle of -ing** ... 「…するような面倒なことはしたがらない」。

■ NOTES
□ **(the) county government** 郡政府
□ **I.D.** 身分証明書 (identification)

TRANSLATION
非合法移民は、全体としては問題だね。郡政府は遅かれ早かれ、社会的ニーズの費用を負担しなければならなくなる。制裁について問題だと思うのは、ゴンザレス、ガルシア、ソリズなんて名前の人が来た場合、雇用主の多くは I.D. をチェックするような面倒はしたがらないってこと。

Chapter 7

VOICE 4

No. **There's a real need for people who** want to work in this country and, oftentimes, the people who want to work are the immigrants. I live in a rural community where farmers really need people to work. **I question whether sanctions accomplish what they want, or even if they're enforceable.**

James, 37
School principal
Weiser, Idaho

■ STRATEGY
失業率には現れない雇用機会について触れ、需要と供給があることを主張している。制裁に関しては、実際に運用されるかどうか、目的を果たすことができるかどうか疑問視している。

■ USEFUL EXPRESSIONS
□ **There's a real need for people who** ... 「…の人たちに対する実際の需要がある」。real を入れると意味が強くなる。

□ **I question whether sanctions accomplish what they want, or even if they're enforceable.** 「制裁はその目的を果たせるかどうか、実行できるかさえもはなはだ疑問だ」。sanctions の代わりにほかの名詞を入れれば応用範囲が広まる。

■ NOTES
□ **oftentimes** よくあることだが、多くの場合
□ **immigrants** 移民者たち
□ **a rural community** （ある）田舎

TRANSLATION
ノー。この国では実際、働きたい人々を求める需要があるし、働きたいと思う人々が移民である場合がよくあるからね。わたしは田舎に住んでいるが、農家の人たちは本当に人手を必要としているよ。わたしには制裁措置が当局の目的を達成できるのか疑問だね、実行に移せるのかどうかさえ危ない。

ILLEGAL IMMIGRATION

VOICE 5

I really think we're allowing too many people into the country who are taking jobs away from us. **There should be limits on how many** immigrants we let in. There's no problem getting along with them. Most are good workers. **It's just the problem of** having too many. We have enough people here already.

Bessie, 70
Retired machinist
South Bend, Ind.

■ STRATEGY
移民してきた人たち自身には別に問題はないが、数が問題だとしている。差別的な発言にならないように言葉を選んで発言している。

■ USEFUL EXPRESSIONS
☐ **I really think** . . . 「私は本当に…だと思う」。really で強めている。

☐ **There should be limits on how many** immigrants we let in. 「何人の移民を受け入れるか制限を設けるべきだ」。数を問題にするときに大いに役立つ。on のあとの節の構成に注意。

☐ **It's just the problem of** having too many. 「単に数が多すぎるという問題だ」。問題を絞り込んで、自らの論議を明確にするのに使える。

■ NOTES
☐ **to get along with** 　～とうまくやる

TRANSLATION
アメリカは人々を受け入れすぎだって本当に思いますよ。彼らがわたしたちの仕事を奪っているんです。移民の数は制限すべきですよ。移民たちとは問題なく、うまくやっています。ほとんどがよく働きますね。問題なのは、数が多すぎることだけです。この国にはもう人は足りてますよ。

Chapter 7

VOICE 6

I look at the problem from the standpoint of the migratory workers. **Because** they are cheap labor, they are forced to live under unsanitary conditions, which is what Cesar Chavez has been fighting against for years. There are a lot of unscrupulous folks out there who draw upon that labor pool.

John, 47
Computer analyst
Phoenix, Ariz

■ STRATEGY
出稼ぎ労働者の立場から問題を分析し、これら労働者の生活環境や甘い汁を吸っている連中について述べている。しかし、論題に対する直接的な返答をしていない。

■ USEFUL EXPRESSIONS
- **I look at the problem from the standpoint of** the migratory workers.「わたしはこの問題を出稼ぎ労働者の立場から見る」。問題の切り口を明確にするのに役立つ表現。
- **Because . . . ,**「…なので、〜」。会話以外で because が文頭にくる場合は、since の意味で使う。因果関係を説明するのに役立つ。

■ NOTES
- **migratory workers**　出稼ぎ労働者
- **unsanitary conditions**　非衛生的な環境
- **Cesar Chavez**　(1927- 年) シーザ・シャベス。労働運動の指導者。カリフォルニアのぶどうつみ労働者を組織して、アメリカで最初の農業労働者組合を作った。現在は United Farm Workers (UFW) と呼ばれている。
- **unscrupulous folks**　無節操な連中

TRANSLATION
わたしは出稼ぎ労働者の見地からこの問題をとらえています。彼らは安い労働力であるゆえ、不衛生な状況での生活を強いられていますね。シーザ・シャベスが何年も闘っているのはまさに、そうした問題なのです。しかも、そうした労働力を利用する、ひどい連中がたくさんいるんです。

ILLEGAL IMMIGRATION

Do you think illegal immigration

(非合法移民は問題だと思いますか)

- □ 非合法移民は手に負えなくなっている。
- □ 受け入れる人数に関してもっと厳しい規制があるべきだ。
- □ 受け入れる移民の数を制限すべきだ。
- □ この国には人はもう足りている。
- □ あまりに多くの人を入国させるので、彼らがわれわれの仕事を奪っている、と確信している。
- □ 雇用主への制裁措置は、大企業も中小企業も対象にせざるを得ないだろう。
- □ 全般的に見て、非合法移民は問題だ。なぜなら遅かれ早かれ郡政府は社会的ニーズの費用を負担しなければならなくなるから。
- □ 彼らは安い労働力であるゆえ、不衛生な状況での生活を強いられている。
- □ その労働力を利用するしょうもない連中がたくさんいる。

- □ Illegal immigration has gotten out of hand.
- □ There should be tighter controls on the number we let in.
- □ There should be limits on how many immigrants we let in.
- □ We have enough people here already.
- □ I really think we're allowing too many people into the country who are taking jobs away from us.
- □ Employer sanctions will have to affect large and small businesses.
- □ Overall, illegal immigration is a problem because sooner or later, county governments will have to pick up the tab for social needs.
- □ Because they are cheap labor, they are forced to live under unsanitary conditions.
- □ There are a lot of unscrupulous folks out there who draw upon that labor pool.

Chapter 7

is a problem?

- □ 外国人はほかの人たちがしたがらない仕事に就いている。
- □ われわれの地域では、仕事はあるのにやる人がいないと雇用主たちがこぼしている。
- □ この国で働きたい人を求める需要は実際にあるし、働きたい人たちが移民というのはよくあることだ。
- □ 田舎では、農家は本当に働き手を必要としている。
- □ 制裁はその目的を果たせるかどうか、実行が可能かさえもはなはだ疑問だ。
- □ ほとんどがよく働く。
- □ だれが合法で、だれが非合法かを雇用主が判断するのは難しいので、雇用主への制裁措置はフェアではない。

- □ Aliens are taking the jobs that nobody else wants.
- □ In our area, employers complain that they can't get anybody to fill the jobs that are available.
- □ There is a real need for people who want to work in this country and, oftentimes, the people who want to work are the immigrants.
- □ In rural communities farmers really need people to work.
- □ I question whether sanctions accomplish what they want, or even if they're enforceable.
- □ Most are good workers.
- □ The employer sanctions are unfair because it's difficult for employers to determine who is legal or illegal.

No

FAMILY LEAVE

Chapter 8

Should companies be required to grant family leave?
(家族休暇を認めることを企業に義務づけるべきでしょうか)

■ BACKGROUND

アメリカ人の多くは会社の仕事よりも家庭のほうが当然大切であると考える。日本では家庭をかえりみず仕事一筋という会社人間がいまだに多いようだ。

働く女性や片親家庭が増えてきた現在、出産や養育——特に子供の病気——と仕事のかねあいが難しい問題となってきた。そこで、取りざたされているのが、Family and Medical Leave Act（家庭および医療休業法案）である。この法案は、50人以上の事業所においては新生児の世話や本人及び家族の病気治療のために従業員が無給休暇をとれることを保証しなければならないという内容である。有給休暇ですらとりきらない人が多い日本では、考えにくい法案であるが、長期欠勤後の職場復帰を保証する上で必要なようだ。

日本では年老いた両親の世話をするための休暇なども考慮される時期かもしれない。

■ KEY WORDS

□ **Labor Standards Law** （日本）労働基準法

労働条件の最低限の基準を定めた法律で、1947年に成立。87年に改正され、翌88年に改定法が施行された。この改定法では法定労働時間を週40時間と明記したが、政令で3年間は週46時間、91年から44時間、93-95年より40時間へ移行することになった。87年の時点での各国の年間労働時間は、日本が2168時間、アメリカは1949時間、西ドイツは1642時間となっている。

□ **maternity leave** 出産休暇

日本では出産後1週間ほど入院するが、アメリカでは2日後に退院するのが普通。そのアメリカでも出産有給休暇(paid maternity leave)

をとる初産の女性が最近3倍の47%にまで増えた。これを労働条件の改善と見るべきか、それともアメリカ女性も母親の役割を認識するようになったと見るべきか、はたまた…。

■ RELATED WORDS & PHRASES
- 労働保護基準　labor protection standards
- 新生児　a newborn infant; a new child
- 乳飲み子　an unweaned baby
- おむつ　a diaper
- 高齢化社会　aging society
- 年老いた親　an aging parent
- 老人ホーム　a nursing home
- 自宅介護　home care
- 寝たきり老人　the bedridden elderly
- アルツハイマー病　Alzheimer's disease

What do you think?
- Do you jeopardize your career advancement when a family medical emergency requires that you take time off to give temporary care to a seriously ill member of your family?（重病の家族の面倒をみるために休暇が必要になったとき仕事を犠牲にするか）
- Would you give up your job if your employer said you could not take time off to care for your family members?（家族の面倒をみるための休暇はとれないと言われた場合、仕事をやめるか）
- Do you think that mandating family leave is a good idea?（家族休暇を義務づけることはいい考えだと思うか）
- Should employers allow their employees to cut back on time and job commitments to take care of dependents, without jeopardizing career advancement?（従業員が扶養家族の看病のために就労時間や仕事量を減らしても、昇進の機会が絶たれないよう、雇用主が配慮するべきか）

FAMILY LEAVE

VOICE 1

No. Employers should give family leave for women who are having babies, but **we should ease up on some of the** government **regulations for** businesses. There are so many mom-and-pop businesses across the country that **mandated** family leave **could close** some of these places **down.**

Sherwin, 54
Hotel general manager
Bloomington, Minn.

■ STRATEGY
女性の出産休暇は認めるべきであるとしながらも、政府の規制に関しては緩和すべきと主張。零細企業の生き残りを特に問題視している。

■ USEFUL EXPRESSIONS
☐ **We should ease up on some of the** government **regulations for** businesses. 「企業に対する(政府の)規制の一部を緩和すべきである」。規制緩和に関する議論にはピッタリの表現。

☐ **Mandated** family leave **could close** some of these places **down.** 「家族休暇の義務づけで、このような企業の一部が閉鎖に追い込まれる可能性がある」。プランがひき起こす弊害について触れるときなどに could を上手に使うとよい。

■ NOTES
☐ **mom-and-pop businesses** （家族経営の）零細企業

TRANSLATION
ノー。子供を産む女性に家族休暇をとらせるのはいいが、政府は企業に対する規定をもう少し緩和すべきだよ。家族経営の企業なんか、家族休暇を義務づけたりしたら、経営が成り立たなくなるところもあるんじゃないかな。

Chapter 8

VOICE 2

It's a good idea. I know some of the more progressive companies are doing this now. Family leave should be for mothers and fathers whether they are birth parents or not. I work for a small company, and we have good benefits for a small company. **I'm not sure that it could afford to** grant more leave.

June, 61
Rehabilitation counselor
Pittsburgh, Pa.

■ STRATEGY
積極的に賛成している。しかし、自分が勤めているような中小企業が、やっていけるかどうかは疑問だとしており、自らの立場を弱めている。

■ USEFUL EXPRESSIONS
☐ **It's a good idea.** 「それはいい考えだ」。シンプルだが、応用範囲の広い表現。

☐ **I'm not sure that it could afford to** grant more leave. 「これ以上の休暇を与える余裕があるかどうかさだかでない」。自信のないときには、I'm not sure... を使えばよい。

■ NOTES
☐ **progressive companies** 進歩的な会社
☐ **birth parents** 産みの親たち
☐ **benefits** 恩典
☐ **to grant** 与える

TRANSLATION
いい考えだと思うわ。進んでいる会社ですでにそうしているところもあるわ。実の親だろうが里親だろうが関係なく、母親と父親の両方が家族休暇をもらえるべきよね。わたしが働いている会社は小さいけれど、小さいわりには恩典があるの。これ以上休暇を増やす余裕があるかどうかは疑問ですが。

FAMILY LEAVE

VOICE 3

Family leave **should not be mandated, especially with** no time limits. **That would put** employers **in a bad position to** fill the void caused by a vacancy. Approved leaves of absence are fringe benefits that employers provide, and these are items that should be negotiated with employee groups.

Lucinda, 45
Fiscal officer
Baldwin, Mich.

■ STRATEGY

雇用主の立場を考えて「法制化」には反対している。家族のための休暇は付加給付の一部で、会社側と交渉すべき事項であるとしている。

■ USEFUL EXPRESSIONS

☐ Family leave **should not be mandated, especially with** no time limits. 「家族休暇は法制化すべきではない。ましてや無期限などというのはいけない」。否定文のあとの especially with の使い方を覚えたい。

☐ **That would put** employers **in a bad position to** ... 「…しなければならないような苦しい立場に雇用主を陥れることになるだろう」。相手の考えの悪影響を説明するのに役立つ表現。

■ NOTES

☐ **void** 空席
☐ **leaves of absence** 休暇
☐ **fringe benefits** 付加給付、福利厚生
☐ **employee groups** 従業員グループ(労働組合など)

TRANSLATION

家族休暇は義務づけるべきじゃないわ。特に、期限なしではね。雇用主は休暇で生じたアキをどうにかしなきゃならないわけでしょう。公認の休暇は雇用側が提供する福利厚生なんだから、従業員と雇用主との交渉で決めるべき問題だわ。

Chapter 8

■ VOICE 4

Employers **should be required to** grant family leave, **as long as** it's equally distributed between male and female. **We are so wrapped up with** the equality between the sexes **that** whatever is right for one should be right for the other. **What is important is** consistency in any type of legislation.

John, 46
Quality assurance dir.
La Palma, Calif.

■ STRATEGY
男女同じ条件であればという前提で家族休暇に賛成している。男女平等と法制化に関する点を論じており、論題とは少し外れた議論を展開している。

■ USEFUL EXPRESSIONS
☐ Employers **should be required to** grant family leave. 「家族休暇を与えることを雇用主に義務づけるべきである」。結論を述べる際に役立つ表現。

☐ ..., **as long as** ... 「…さえすれば…だ」。条件付きで賛成するときなどに使える。

☐ **We are so wrapped up with** ... **that** ... 「…ほど、私たちは…に心を奪われている」。問題の核心をつく際に使える表現。

☐ **What is important is** ... 「大切な点は…だ」。自らの考えを絞り込むのに使える表現。

■ NOTES
☐ **consistency** 一貫性
☐ **legislation** 立法、法律

TRANSLATION
雇用主は、家族休暇を認めるべきだね。ただし、その権利は、男性も女性も平等でなくちゃならん。何事も、男女平等の時代だからね。一方の性に当然なことは他方にも当然というわけだ。法の適用は、あらゆる場合において矛盾がないことが重要なのさ。

FAMILY LEAVE

VOICE 5

I can see both sides because employers also have obligations to meet. **If it's a life-threatening situation,** parents should be allowed family leave. But not if it's to take time off for a social function. **Sometimes feelings override** the job. I would forfeit my job if an employer said I couldn't take off to care for my child.

Larry, 48
Technician
Columbia, Tenn.

■ STRATEGY
冒頭で双方の言い分がわかると言っているだけで、論点が定まっていない。一般論を述べるのは難しい、との考え。

■ USEFUL EXPRESSIONS
☐ **I can see both sides.** 「双方の言い分がわかる」。両者の言わんとしていることがわかるというときに使える表現。

☐ **If it's a life-threatening situation,...** 「もし生命にかかわる状況であれば…」。

☐ **Sometimes feelings override** the job. 「時として感情が仕事に優先する」。2つのことを比較するときに to override が有効。

■ NOTES
☐ **a social function** 社会的行事(任務)、付き合い
☐ **to forfeit** 〜を失う
☐ **to care for** 〜の世話をする

TRANSLATION
どちらの立場もわかるね。雇用主側にもいろいろ義務があるだろうからね。子供の命にかかわる事態が発生した場合、親は当然家族休暇を認められるべきだが、付き合い程度の理由じゃだめだね。時には感情が仕事に優先することもあるさ。子供の世話をしたいときに、雇用主が休暇をとらせてくれなかったら、仕事をほうり出す可能性もあるよ。

Chapter 8

VOICE 6

I am very much in favor of allowing a generous amount of family leave for both men and women. And both parties should be guaranteed their job upon their return. We recently adopted a child, and **even if** you adopt, you should be allowed to take family leave, **regardless of** the age of the child.

Babs, 38
Homemaker
Decatur, Ga.

■ STRATEGY

賛成の立場をはっきり打ち出している。generous amount がどのくらいの期間なのかははっきりしないが…。その他の条件については、かなり細かい点にまで言及している。

■ USEFUL EXPRESSIONS

- **I am very much in favor of** ... 「…に対して大賛成です」。賛成の意を表すのに役立つ表現。
- **even if** ... 「たとえ…であっても」。例外的なことにも適用させたいときに便利な表現。
- **regardless of** ... 「…にかかわらず」。細かい点を付け加えるのに使える表現。

■ NOTES

- **a generous amount** 十分な期間(量)
- **to adopt a child** 養子をとる

TRANSLATION

十分な家族休暇を男性にも女性にも認めるべきだと思うわね。そして休暇を終えたら、またすぐに職場復帰できるような体制を整えておくべきね。わたしのところで最近、養子を迎えたんだけれど、養子の場合でも家族休暇はとれるようにしてほしいわ。子供の年齢に関係なくね。

FAMILY LEAVE

Should companies be required

(家族休暇を認めることを企業に義務づけるべきでしょうか)

☐ いい考えだ。
☐ 雇用主は出産する女性に家族休暇を与えるべきだ。

☐ 家族休暇は、産みの親であれ里親であれ、母親にも父親にも与えられるべきだ。
☐ 男女平等に、ということであれば、家族休暇を与えることを雇用主に義務づけるべきだ。

☐ 男性にも女性にも十分な期間の家族休暇を認めることに大賛成。

☐ そして、双方とも休暇が終わったら職場に戻れるよう保障されるべきだ。
☐ もし生命にかかわる状況であれば、親は家族休暇を認められるべきだ。
☐ 子供の世話をしたいときに、雇用主が休暇をとらせてくれなかったら、仕事をほうり出す。

☐ It's a good idea.
☐ Employers should give family leave for women who are having babies.
☐ Family leave should be for mothers and fathers whether they are birth parents or not.
☐ Employers should be required to grant family leave, as long as it's equally distributed between male and female.
☐ I am very much in favor of allowing a generous amount of family leave for both men and women.
☐ And both parties should be guaranteed their job upon their return.
☐ If it's a life-threatening situation, parents should be allowed family leave.
☐ I would forfeit my job if an employer said I couldn't take off to care for my child.

Yes

Chapter 8

to grant family leave?

- □ 全国には家族経営の企業がたくさんあるし、家族休暇の義務づけでこういう企業の一部が閉鎖に追い込まれる可能性がある。

- □ 家族休暇を義務づけるべきではない。特に期限なしなんてとんでもない。

- □ 企業に対する政府の規制の一部をもう少し緩めるべきだ。

- □ 雇用者は休暇中の人の穴を埋めなくてはならず、苦しい立場に追い込まれるだろう。

- □ 有給休暇は雇用主が提供する付加給付で、こういうことは従業員グループとの交渉で決められるべき問題だ。

- □ 社会的行事や交際が目的の家族休暇なら、親にも認める必要はない。

- □ There are so many mom-and-pop businesses across the country that mandated family leave could close some of these places down.
- □ Family leave should not be mandated, especially with no time limits.
- □ We should ease up on some of the government regulations for businesses.
- □ That would put employers in a bad position to fill the void caused by a vacancy.
- □ Approved leaves of absence are fringe benefits that employers provide, and these are items that should be negotiated with employee groups.
- □ Parents should not be allowed family leave if it's to take time for a social function.

NO

CHILD SAFETY SEATS

Chapter 9

Do you think child safety seats should be mandatory on airlines?
(子供用安全席の設置を航空会社に義務づけるべきだと思いますか)

■ BACKGROUND

　米国の国家運輸安全委員会(NTSB)は、航空各社に対して子供の乗客には専用の座席に座ってもらうことを義務づけたいとの意向を明らかにしている。これに対して当初難色を示していた航空各社は同意する意向を示している。

　はたして飛行中に子供に及ぼす危険はそれほどまで重大であろうか。過去15年間に連邦航空局(FAA)が確認している子供の死亡または重傷のケースは8件のみである。また、ハーバード大学医学部の研究結果によれば、子供専用の座席にすべての子供が座っていたと仮定した場合、5年間に3人が助かっていたかもしれないとのことである。

■ KEY WORDS

□ **National Transportation Safety Board (NTSB)**　　（米国）国家運輸安全委員会

大統領直轄の独立機関で、民間運輸関係の安全管理をつかさどる。特に航空事故調査に関しては、米国籍または米国製航空機の事故の場合、アメリカ国外においても実施する。

□ **Federal Aviation Administration (FAA)**　　連邦航空局

アメリカ連邦政府の運輸省(Department of Transportation)に属する。民間航空の運行、航空管制、安全管理などを統括する。アメリカの民間航空会社が運行している全世界の路線に目を配っている。

□ **child safety seat**　　子供用安全シート

親のひざの上や、普通の席に子供を座らせるのを禁止し、その代わりに各飛行機に常備させる小さい子供専用に作られた座席。

■ RELATED WORDS & PHRASES

- [ ] the airline industry　航空業界
- [ ] a flight attendant　(飛行機の)乗務員
- [ ] a takeoff　離陸
- [ ] a landing　着陸
- [ ] a child-restraint seat＝a child safety seat
- [ ] a restraint device　防御装置
- [ ] an infant　(通例7歳未満の)幼児
- [ ] a toddler　よちよち歩きの幼児

What do you think?

- Do you think that children are in great danger while they are in an airplane? (機内で子供たちは大きな危険にさらされているか)
- Do you think that the cost of an extra seat for a child is a very small price to pay for preventing injuries and saving lives?(子供用座席を設ける費用は、けがを予防し、生命を守るため、というのであればとるに足らないと思うか)
- Do you think that the airlines want to make more money by selling families additional tickets? (航空会社は切符を余計に売ってもうけようとしていると思うか)
- Do you think that the number of families taking trips by car will increase if child safety seats in planes become mandatory? (機内での子供用安全シート使用が義務づけられた場合、自動車で旅行する家族が増えると思うか)

CHILD SAFETY SEATS

VOICE 1

Yes. **You never know what to expect.** And **with** ticket prices the way they are nowadays, I think the airlines **should be required to** provide the safety seats. **If they know** how many lunches or dinners they'll have to serve during a flight, **they should know** how many safety seats to book for every child.

Abbie, 46
Business owner
Yuba City, Calif.

■ STRATEGY

少々皮肉っぽい発言となっている。何が起きるかわからないから、というシンプルだが説得力ある立場をとっている。

■ USEFUL EXPRESSIONS

□ **You never know what to expect.** 「何が起きるかわからない」。将来起こりうる問題について語るときにピッタリの表現で、応用範囲が広い。

□ **With . . . , . . . should be required to . . .** 「…という状況を考えれば、…が…することを義務づけるべきである」。いわゆる付帯状況の with で、「〜を考えれば」という前提を述べてから本論に入るときの表現。

□ **If they know . . . , they should know . . .** 「…ということを理解しているのであれば、…もわかるはずだ」。if と should だけで、これだけパンチのある英文になる。

■ NOTES

□ **airlines** 航空会社
□ **to book** 予約する

TRANSLATION

イエス。雲の上じゃ、いつ何が起こるかわからないし、今の航空券の値段を考えると、安全シートの設置ぐらいすべきだと思うわ。ランチやディナーをどのくらい用意すればいいか見当がつくんなら、子供一人ひとりのために、安全シートをいくつぐらい用意したらいいかもすぐにわかるはずだわ。

Chapter 9

VOICE 2

    No, I don't. I have just adopted a 2½-week-old daughter, and now **my instinct would be to** cover her with my body if something went wrong. I can afford to pay for an extra seat, so **the economic factor doesn't enter into it.** However, there are so many families that this requirement would hurt.

Peter, 45
Company president
Honolulu, Hawaii

■ STRATEGY
もし何かがあったときには親として子供を保護するという点と、経済的な負担を問題にしている。反対派としてはオーソドックスな展開。

■ USEFUL EXPRESSIONS
☐ **My instinct would be to ...** 「本能的に…するでしょう」。感覚的に何かを言うときに役立つ表現。

☐ **The economic factor doesn't enter into it.** 「経済的な問題は関係ない」。経済的な負担などが問題になったときに使える表現。

■ NOTES
☐ **a 2½-week-old daughter** 生後2週間半の娘
☐ **an extra seat** (もうひとつ)余分な(追加した)席
☐ **a requirement** 要求、必要事項

TRANSLATION
ノー。最近、生後2週間半の女の子を養女にしたんだが、もし何かが起きたらあの子のためにわたしは本能的に体をはって助けようとするだろうね。安全シートのためにお金を余分に払うことはわたしにとっては何でもないことだから、経済的な理由から反対するわけじゃないが、それが負担になる家族も少なくないと思うよ。

CHILD SAFETY SEATS

VOICE 3

I hate to see everything regulated, but I would think this type of regulation would be good for children. **If they require** safety seats in automobiles, **they should require** them in airliners. That should be part of the service the airlines provide. Even in turbulence, a child can still be thrown around.

Rose, 38
Marketing director
St. Louis, Mo.

■ STRATEGY
規制ということは一般的には好ましくないことであるが、と前置きをして、必要な規制もあるという論理的な議論を展開している。

■ USEFUL EXPRESSIONS
□ **I hate to see** everything regulated. 「なんでもかんでも規制されるのはイヤだ」。hate to see は応用範囲が広い。
□ **If they require** safety seats in automobiles, **they should require** them in airliners. 「もし車に安全シートを義務づけるのであれば、飛行機でもそうしなければならない」。if を上手に使った表現。

■ NOTES
□ **an airliner** (大型)定期旅客機
□ **turbulence** (大気の)乱れ

TRANSLATION
何から何まで規制されるのは気に入らないけど、こういう規則は子供たちのためにいいことだと思うわ。自動車には安全シートが義務づけられているんだから、航空機にも義務づけるべきよ。でも航空会社のサービスとしてやるべきよね。乱気流に巻き込まれただけでも子供は座席からほうり出されることがあるんですもの。

Chapter 9

VOICE 4

People should have the option of using them. Safety seats are required in automobiles because **the number of** accidents **is considerably greater than** in planes. Also, you don't have the number of children flying that you do riding in cars. We'd probably use the regular seat belt for our 2½-year-old daughter.

Peter, 32
Dealership gen. mgr.
Kewaunee, Wis.

■ STRATEGY

自動車と旅客機の違いを2つ挙げて、義務化に反対。選択の余地を残すことを主張している。

■ USEFUL EXPRESSIONS

☐ **People should have the option of** using them. 「使用するかどうかの選択権を持つべきである」。義務化に関する議論に反論するのに役立つ表現。

☐ **The number of** accidents (in automobiles) **is considerably greater than** in planes. 「(自動車における)事故のほうが飛行機の場合よりずっと多い」。比較表現も大切である。

■ NOTES

☐ a 2½-year-old daughter　2歳半の娘

TRANSLATION

　利用するかしないかを選べるようにしておくべきだと思う。自動車の場合、飛行機に比べて事故の発生率がずっと高いから、安全シートが義務づけられているのは当然さ。それに、子供が乗っている確率も飛行機より高いだろう？　2歳半になるうちの娘には、一般用のシートベルトを使わせると思うね。

CHILD SAFETY SEATS

VOICE 5

From a safety factor, the airlines should provide them **at any cost,** and parents who are not willing to pay for them **should be held responsible for** their children. But **I would hate to see** every passenger **have to share in the cost of** a safety seat. **Only those using** the safety seats **should have to pay.**

Charles, 52
Business owner
Dothan, Ala.

■ STRATEGY
義務化に賛成しているものの、費用に関しては受益者負担にせよという考え。

■ USEFUL EXPRESSIONS

☐ **From a safety factor,**... 「安全面から言って、…」。問題の切り口を明らかにするのに役立つ。

☐ The airlines should provide them **at any cost**. 「航空会社はそれらをぜひとも提供すべきである」。at any cost とは「なんとしても」「どのような犠牲を払っても」という意味。

☐ Parents **should be held responsible for** their children. 「自分らの子供たちの責任は親が負うべきである」。

☐ **I would hate to see** every passenger **have to share in the cost of** a safety seat. 「安全シートのコストをすべての乗客で負担しあうのはいやだ」。費用に関する議論に役立つ表現。

☐ **Only those using** the safety seats **should have to pay.** 「安全シートを使う者だけが金銭的な負担をすべきである」。負担する者を限定するのに役立つ表現。

TRANSLATION
安全性の面から考えたら、航空会社はなんとしてでも安全シートを設置するべきだろうね。金を払いたがらない親がいたら、その子供に対する責任はすべて親に負ってもらえばいい。でも、安全シートの費用を航空機利用客みんなに負担させるってのは反対だね。実際に利用する者だけが金を払うべきだと思うな。

Chapter 9

VOICE 6

No. The airlines **should** just **improve on** the seat belts they have. Maybe they should equip certain seats with straps that also cover children who sit on their parents' laps. Children who are old enough to sit by themselves are strapped in with seat belts anyway, and parents still have to pay full fare.

Betty, *63*
Ret. office manager
Syracuse, N.Y.

■ STRATEGY

現在のシートベルトを改良することを提言。論題に対してno と言ってはいるものの、child safety seats の定義いかんでは yes になりうる意見。

■ USEFUL EXPRESSIONS

☐ The airlines **should improve on** the seat belts they have. 「現在あるシートベルトを改善すべきである」。論題を採択するほどの変革ではなく、部分修正を提案するときに役立つ表現。

■ NOTES

☐ **straps**　ストラップ(幅の広いバンド)
☐ **laps**　ひざ
☐ **full fare**　大人料金

TRANSLATION

ノー。航空会社は、今あるシートベルトを改善すべきだわ。例えば、親のひざに座っている子供をカバーするようなストラップを付けるとか。どっちみち、ひとりで座席に座れるような子供は、一般のシートベルトを使えるわけだし、親はそのために、ちゃんと一人前の料金を払っているんだもの。

CHILD SAFETY SEATS

Do you think child safety seats

(子供用安全シートの設置を航空会社に義務づけるべきだと思いますか)

□ 何が起こるかわからない。

□ 今日の航空券の価格を考えれば、航空会社が安全シートを設置するのは当然だ。

□ 飛行中にどれくらいのランチやディナーが必要かわかるなら、子供のために安全シートがどれくらい必要かもわかるはずだ。

□ この種の規制は子供のためにいいことだと思う。

□ 自動車に安全シートを義務づけるなら、飛行機にも義務づけるべきだ。

□ それは航空会社のサービスとしてやるべきだ。

□ 乱気流に巻き込まれただけでも、子供は座席からほうり出されることがある。

□ 安全面から考えたら、航空会社はなんとしてでも安全シートを設置すべきだ。

□ You never know what to expect.

□ With ticket prices the way they are nowadays, I think the airlines should be required to provide the safety seats.

□ If they know how many lunches or dinners they'll have to serve during a flight, they should know how many safety seats to book for every child.

□ I would think this type of regulation would be good for children.

□ If they require safety seats in automobiles, they should require them in airliners.

□ That should be part of the service the airlines provide.

□ Even in turbulence, a child can still be thrown around.

□ From a safety factor, the airlines should provide them at any cost.

Chapter 9

should be mandatory on airlines?

- □ 何かまずいことが起きたら、本能的に体をはって自分の子供を守るだろう。
- □ この義務づけが、(経済的に)負担になる家族もたくさんいる。

- □ なんでもかんでも規制されるのはいやだ。
- □ 利用するかしないかを選べるようにすべきだ。
- □ 飛行機よりも自動車のほうがはるかに事故が多いから、安全シートが義務づけられているのだ。

- □ 子供が乗っている確率は、飛行機より自動車のほうがはるかに高い。
- □ たぶん子供には普通のシートベルトを使わせる。
- □ 航空機利用客みんなに安全シートの費用を負担させるというのはいやだ。
- □ 航空会社は今あるシートベルトを改善すべきだ。

- □ My instinct would be to cover my child with my body if something went wrong.
- □ There are so many families that this requirement would (economically) hurt.
- □ I hate to see everything regulated.
- □ People should have the option of using them.
- □ Safety seats are required in automobiles because the number of accidents is considerably greater than in planes.
- □ You don't have the number of children flying that you do riding in cars.
- □ We'd probably use the regular seat for our child.
- □ I would hate to see every passenger have to share in the cost of a safety seat.
- □ The airlines should just improve on the seat belts they have.

No

SAFETY OF FOOD
Chapter 10

Are you concerned about the safety of your food?
（食品の安全性が気になりますか）

■ BACKGROUND

アメリカは約 2.3 億トンの農薬を輸出しており、そのうち約 25 ％がアメリカ国内での使用を禁止されたものである。また一方でアメリカは、農産物の消費量の約 4 分の 1 を中南米などからの輸入に依存している。その中の 10 ％ほどがアメリカ国内では使用が禁止されている農薬に汚染されていると見られている。

自らの健康を考えて禁止した農薬を他国へ売って金もうけをしたまではいいが、結局自分たちの国へ戻ってくるという図式になっている。これら危険な農薬の生産・輸出を禁止すべきか、あるいはこれらの汚染された農作物の輸入をストップすべきなのか、意見が分かれるところである。

■ KEY WORDS

☐ **Environmental Protection Agency (EPA)**　　環境保護庁

大統領の指示のもと 1970 年に設立されたアメリカ政府機関。環境汚染を規制して環境の保護および改善を実施していくことがその目的。農薬の使用に関して監督する立場にあるが、アメリカ国内での使用が禁止されている農薬の輸出をストップさせる権限はない。

☐ **Food and Drug Administration (FDA)**　　食品医薬品局

アメリカ厚生省 (Department of Health and Human Services) にある 11 の部局のうちのひとつ。医薬品の認可や食品添加物の検査・取り締まりなどを担当している。アメリカが輸入している食品の安全性に関しての検査も行っているが、その割合は全輸入量の 1-2% 程度にとどまっている。

■ RELATED WORDS & PHRASES

- □農産物　produce［アクセントは第1音節］
- □八百屋　a grocery (store); a produce store
- □農業用化学薬品　agricultural chemicals; farm chemicals
- □化学会社　a chemical company
- □検査　an inspection
- □汚染物資　contaminants
- □農薬残余基準　pesticide residue standards
- □害虫　harmful insects
- □異常出産　birth defects
- □不妊症　sterility
- □有機農業　organic farming
- □(日本)厚生省　the Ministry of Health and Welfare
- □(日本)環境庁　the Environment Agency

What do you think?

- Do you often buy organically grown vegetables?（有機野菜をよく買うか）
- Do you think that farmers should use less pesticide?（農薬の使用を減らすべきだと思うか）
- Do you think that the United States should stop selling to foreign countries pesticides banned in the U.S.?（アメリカは自国内で禁止されている農薬の輸出をやめるべきだと思うか）
- Do you think that Japan should inspect imported foods more thoroughly?（日本は輸入食品の検査をもっと強化すべきだと思うか）

SAFETY OF FOOD

VOICE 1

No. I think about the old Phil Harris song that says some little bug is going to get you someday. **I don't think they've proved conclusively** that certain, pesticides are harmful. We grow our own vegetables, and my husband sprays them for bugs. **If he could get** some old DDT, **he'd probably use it.**

Eileen, 60
Business owner
Twin Falls, Idaho

■ STRATEGY
フィル・ハリスの歌を引用して虫の害を強調し、防虫剤が害があるかどうか証明されていないと堂々と主張している。

■ USEFUL EXPRESSIONS
☐ **I don't think they've proved conclusively** that ... 「…と確固たる証明がされているとは思えない」。相手の議論が証拠資料によってサポートされていないときに役立つ表現。

☐ **If he could get** some old DDT, **he'd probably use it.** 「もし昔のDDTが手に入ったら、彼はたぶん使うでしょう」。

■ NOTES
☐ **Phil Harris** 1906年生まれ。テレビやラジオや映画で活躍した役者でバンドリーダー。*The Thing* という歌が大ヒットし、100万枚以上売れた。

☐ **a bug** 虫

☐ **pesticides** 農薬

☐ **DDT** ディーディーティー（殺虫剤の一種）

TRANSLATION
ノー。フィル・ハリスの古い歌の、小さな虫けらがそのうちきみを殺すっていうのを思い出すわ。でも、どの農薬が有害なのか、まだはっきり結論が出たわけじゃないし。わたしたちのとこも野菜を育てていて、主人は農薬をスプレーするわ。昔のDDTが手に入ったとしたら、主人はおそらく使うと思うわね。

Chapter 10

VOICE 2

Oh, yes. There has been an overall acceptance of the use of chemicals on fruit and vegetables for years, and all of a sudden we stop. But are the chemicals still in the soil? **Are we still getting our fair share of** the chemicals through third-, fourth- or fifth-generation crops through the same soil?

Wesley, 51
Banker
Tulsa, Okla.

■ STRATEGY
化学薬品の使用を長年続けてきた事実を強調し、使用禁止にしたあとでも影響があるのではないかと心配している。

■ USEFUL EXPRESSIONS
☐ **Are we still getting our fair share of**...? 「…でも当然な分け前をもらっているのではないか」。ここでは fair share を否定的な意味合いで使っている。

■ NOTES
☐ **chemicals** 化学薬品(除草剤など)
☐ **for years** 長年にわたり
☐ **soil** 土壌
☐ **crops** 作物

TRANSLATION
そりゃイエスさ。果物や野菜にこの何年間も当たり前のこととして使われていた農薬の使用を突然やめるってわけだ。しかし、農薬はまだ土の中に残っているんじゃないかね。同じ土で作られた作物は、三世代、四世代、五世代までも、農薬で同じように汚染されていると思うよ。

SAFETY OF FOOD

VOICE 3

The concern is there, but **it's not going to keep us from** buying the things we want. A supermarket here advertises organically grown tomatoes and non-pesticide food. I try to purchase fresh vegetables and meats, and I watch the sugar content in food. But if I need a head of lettuce, I'm going to buy one, **regardless.**

Laura, 39
Diet counselor
Fairfield, Calif.

■ STRATEGY
多少の関心はあるものの、実際に買い物をするときにはほとんど意識していない、というごく一般的な見方。

■ USEFUL EXPRESSIONS
☐ **It's not going to keep us from** buying the things we want. 「ほしいものを買うのを妨げることはない」。to keep us from . . . は「われわれに…をさせないでおく」という意味。

☐ . . . , **regardless.** 「…、とにかく」。事前にふれている点に関係なく、という意味を付け加えるときに使う。

■ NOTES
☐ **organically grown** 有機栽培した
☐ **sugar content** 砂糖の含有量
☐ **a head of lettuce** レタス1個

TRANSLATION
気になることは気になるけど、だからって、ほしいものを買わずに我慢することはないわ。ここのスーパーじゃ、有機農業のトマトや、農薬不使用の食品なんかを広告してるけど、わたしはまず新鮮な野菜や肉を買うようにしているし、むしろ砂糖の含有量に気を配るわね。もしレタスが必要なら、とにかく買ってしまうわ。

Chapter 10

VOICE 4

Yes, very much so. **A lot of** the cancer and diseases **are coming from** the use of pesticides on food. **We just had a scare not too long ago with** the tainted grapes, and Alar on apples. Many of us cannot grow our own food, so **I hope there is a law that is protecting us from** the use of pesticides.

Vera, 57
Homemaker
Benton Harbor, Mich.

■ STRATEGY
農薬が人体に与える悪影響を訴え、法的規制の必要性を主張している。

■ USEFUL EXPRESSIONS

☐ **A lot of** the cancer and diseases **are coming from** the use of pesticides on food. 「多くのがんやその他の病気は、食物への農薬の使用が原因となっている」。to come from というやさしい表現も因果関係を表すのに使える。

☐ **We just had a scare not too long ago with** ... 「最近…に大変驚かされたばかりであった」。to have a scare は「怖い目に会う」ということ。

☐ **I hope there is a law that is protecting us from** the use of pesticides. 「農薬の使用から私たちを守ってくれる法律があればと思う」。何げなく提案している感じ。

■ NOTES
☐ **tainted** 汚染された
☐ **Alar** アラー(強力な農薬の一種)

TRANSLATION
イエス。とっても気になるわ。食品に使用された農薬が原因でなるがんや病気は多いもの。ちょっと前にも、汚染されたぶどうと、りんごについたアラーという農薬で怖い目にあったところよ。多くの人は、自分で自分の食べ物を育てられないんだから、農薬の使用から消費者を守る法律があるといいと思うわ。

SAFETY OF FOOD

VOICE 5

I'm concerned, but **we have to trust what is being done by** the Food and Drug Administration. For us to have a ban on certain chemicals that has no effect in other countries **is a little ludicrous**. And if we don't allow those products to come in, **what are we doing to** the economies of the rest of the world?

William, 43
Nursing home admin.
Exeter, N.H.

■ STRATEGY

FDA を信頼しているという考えを披露している。そして、あまり神経質になると貿易の問題に発展し、他国の経済へ悪影響を及ぼすことを示唆している。

■ USEFUL EXPRESSIONS

□ **We have to trust what is being done by** the Food and Drug Administration. 「FDA がやっていることを信じるしかない」。多少投げやりなニュアンスにも聞こえる。

□ **... is a little ludicrous.** 「…は少々ばかげている」。

□ **What are we doing to** the economies of the rest of the world? 「諸外国の経済に対して何をしている (ことになる) のか」。悪影響について語るときに役立つ。

■ NOTES

□ **to have a ban on** 〜を禁止する

□ **products** 産物、生産品

TRANSLATION

気になるが、食品医薬品局のやっていることを信頼するしかないだろう。ほかの国じゃ何の悪影響もない農薬が、わが国で禁止されているのを見ると、ちょっとおかしいと思うがね。そういう農薬使用を理由に、われわれが外国の食品を輸入しないってことは、国際間の経済に影響してくるんじゃないかな。

Chapter 10

VOICE 6

Yes. I used to do a little farming—I raised my own beef and chickens. **I felt safer consuming** my own goods. **Now that** I don't, **I just put up with it. I don't know of any good solutions other than** being more dependent on ourselves. We give our foods a thorough washing and try to be aware of what we're buying.

Gene, 37
Mechanical engineer
Mechanicsville, Va.

■ STRATEGY

自ら牛肉などを生産していた良き時代をふり返りながら、現在では輸入している物に注意を払うなどの自衛手段を講じるしかない、としている。

■ USEFUL EXPRESSIONS

☐ **I felt safer consuming** my own goods. 「自分が作った物を食べることによって、もっと安心していられた」。I feel safer ... の文型も覚えておきたい。

☐ **Now that** I don't, **I just put up with it.** 「（自給）しなくなった今となっては、我慢するしかない」。to put up with は「耐える」という意味。

☐ **I don't know of any good solutions other than** being more dependent on ourselves. 「自分たちでもう少し注意する以外によい解決法を知らない」。自分の解決案のよさを訴えるのに役立つ表現。

■ NOTES

☐ **to give ... a thorough washing** …をよく洗う

TRANSLATION

イエス。わたしは以前農業に携わってたことがあるんだが――牛肉や鳥肉は自給だったよ。あのころのほうが安心してられたね。今は自分じゃ何もしてないから仕方ないと思ってるよ。自分たちでもう少し注意する以外に、解決法はないんじゃないかな。買った物は、とにかくよく洗って使い、買うときも注意して選ぶことだね。

SAFETY OF FOOD

Are you concerned about the

(食品の安全性が気になりますか)

☐ 同じ土で作られた作物は3代、4代、5代目までも化学物質で汚染され、われわれはその分け前にあずかることになるのではないか。

☐ わたしは新鮮な野菜や肉を買うようにしている。それから砂糖の含有量に気を配る。

☐ がんや病気の多くが食べ物への農薬の使用から起こっている。

☐ ちょっと前にも、汚染されたぶどうと、りんごについたアラーという農薬で怖い目にあった。

☐ 多くの人は、自分で自分の食べ物を育てられない。だから農薬の使用から消費者を守る法律があるといいと思う。

☐ 自分たちでもう少し注意する以外にいい解決法はないんじゃないか。買った物はとにかくよく洗い、買うときもよく注意して選ぶべきだね。

☐ Are we getting our fair share of the chemicals through third-, fourth- or fifth-generation crops through the same soil?

☐ I try to purchase fresh vegetables and meats, and I watch the sugar content in food.

☐ A lot of cancer and diseases are coming from the use of pesticides on food.

☐ We just had a scare not too long ago with tainted grapes, and Alar on apples.

☐ Many of us cannot grow our own food, so I hope there is a law that is protecting us from the use of pesticides.

☐ I don't know of any good solutions other than being more dependent on ourselves. We give our foods a thorough washing and try to be aware of what we're buying.

Yes

Chapter 10

safety of your food?

- □ どの農薬が有害なのか、まだはっきり結論が出たわけではない。
- □ 欲しいものを買わずに我慢することはない。
- □ もしレタスが1個必要なら、とにかく買ってしまう。
- □ 食品医薬品局のやっていることを信頼するしかない。
- □ ほかの国では何の害もない農薬がわが国で禁止されているのは少しおかしい。
- □ もしわれわれが(農薬を理由に)外国の食品を輸入しなかったら、諸外国の経済に対してどんな影響を与えるだろう。

- □ I don't think they've proved conclusively that certain pesticides are harmful.
- □ It's not going to keep us from buying the things we want.
- □ If I need a head of lettuce, I'm going to buy one, regardless.
- □ We have to trust what is being done by the Food and Drug Administration.
- □ For us to have a ban on certain chemicals that has no effect in other countries is a little ludicrous.
- □ If we don't allow those products to come in, what are we doing to the economies of the rest of the world?

No

VOTING

Chapter 11

How important is voting to you?
(選挙の投票はあなたにとってどのくらい重要ですか)

■ BACKGROUND

アメリカは現在「無関心の時代(The Age of Indifference)」と呼ばれている。その象徴として3つの問題が取りざたされている——選挙で投票する人の数が少ないこと、多くの人が国勢調査に協力しないこと、税金をしっかりと納めない人が増えていること。これらはアメリカの民主主義の存亡にもかかわる大問題であると警鐘を鳴らす専門家もいる。

■ KEY WORDS

☐ **Congress**　　立法、連邦議会

ワシントン特別区にあり、上院(Senate)と下院(House of Representatives)がある。それぞれの定数は上院が100人、下院が435人。任期は上院が6年で2年ごとに3分の1が改選される。下院は2年。両院とも解散はない。

☐ **Republican Party**　　共和党

1854年にホイッグ党を中心に結成された。現在では民主党とともに2大政党のひとつ。1860年にリンカーンが大統領選に勝利して以来1932年まで民主党を圧倒した。しかし、最近では大統領を除き、連邦議会、州議会、州知事選で劣勢である。ニクソン、レーガン、ブッシュ各大統領は共和党。党のシンボルは象。Grand Old Party(略してG.O.P.)の愛称を持つ。

☐ **Democratic Party**　　民主党

民主共和党(1790年結成)が1828年に分裂し、7代大統領のジャクソンの支持派により結成された。32代大統領(1933-45年)のローズベルト以来、各議会において民主党が優勢を保っている。しかし、大統領選に限ってはカーター以後敗北が続いている。シンボルはロバ。

■ RELATED WORDS & PHRASES
- □選挙区　a constituency
- □候補者　a candidate
- □選挙運動　campaign
- □選挙資金　campaign fund; campaign spending
- □総選挙　general election
- □衆議院選挙　a Lower House election
- □参議院選挙　an Upper House election
- □知事選挙　a gubernatorial election
- □中間選挙　a midterm election; an off-year election

> What do you think?
> - Are you interested in news and public affairs?（ニュースや社会問題に興味があるか）
> - Do you always vote?（いつも投票するか）
> - Do you think that voting is every citizen's duty?（投票は市民各人の義務だと考えるか）
> - Do you think that voters can change the course of event in politics?（有権者が政治の流れを変えられると思うか）

VOTING

VOICE 1

I don't vote and never have. **As far as** major elections **go,** I don't feel that the true vote comes out because of the Electoral College. And I don't feel that voters can honestly change the course of events in politics. There is so much corruption in politics that I'm just not interested. **Whatever happens, happens.**

Kristine, 32
Client services asst.
Aliquippa, Pa.

■ STRATEGY
選挙制度上の問題と不正選挙を取り上げ、一人の清き投票ではどうしようもないといった気持ちを表している。

■ USEFUL EXPRESSIONS
☐ **As far as . . . go, . . .** 「…に関しては、…」。As far as . . . are concerned, . . . と同じ。
☐ **Whatever happens, happens.** 「なるようにしかならない」。どうすることもできないという気持ちを表現するのに役立つ。

■ NOTES
☐ **the Electoral College**　選挙人団
☐ **corruption**　違法行為、腐敗

TRANSLATION
　わたしは投票はしないし、したこともないわ。総選挙に関しては、選挙人団があるから本当の票決はあらわれないと思う。それに、有権者たちが実際に政治の動向を変えることができるとは思えないの。政治の世界は腐敗が多すぎるから、全く関心ないわ。なるようにしかならないのよ。

Chapter 11

VOICE 2

It's extremely important. I have never missed a voting opportunity in my life, except when I was in the military. I always tell people that if you don't vote, you're letting someone else vote for you. You let someone else vote in programs, people and processes which may not be **to your advantage.**

Leon, 65
County sup. chmn.
San Diego, Calif.

■ STRATEGY
自分のために投票するという信念を打ち出している。軍隊にいたとき意外は棄権したことはないと自分自身のことを語っている点も強い。

■ USEFUL EXPRESSIONS
- **It's extremely important.** 「ものすごく大切である」。extremely にストレスをおいて言うとさらに強調される。
- ... which may not be **to your advantage.** 「あなたにとって有利でない可能性のある」。この文脈では merit よりも advantage が普通。

■ NOTES
- **a voting opportunity** 投票機会
- **the military** 軍隊

TRANSLATION
投票は非常に大切ことだね。わたしは兵役に就いていたとき以外は、これまでに一度も投票の機会を逃したことがない。わたしはいつもみんなに、「投票をしないと、ほかのだれかに自分の分の投票をさせていることになる」と言っている。人任せにすると、自分に不都合かもしれない計画や人選、手続きに票を入れさせていることになる。

VOTING

VOICE 3

Voting is what our forefathers had in mind, and **everybody should take advantage of it.** I voted for the first time in the last presidential election, and **it was a privilege for me.** But I didn't vote during the recent gubernatorial elections. **All the mudslinging** was pathetic and **turned me off.**

Scott, 20
Student
Dallas, Texas

■ STRATEGY

投票権の重要性についてまず触れている。しかし、最近の選挙の中傷合戦にはいや気がさして投票しなかったと、少々矛盾したことを言っている。

■ USEFUL EXPRESSIONS

☐ **Everybody should take advantage of it.** 「だれもがそのことを活用すべきだ」。to take advantage of は「活用する」ということ。

☐ **It was a privilege for me.** 「名誉なことだ」。It was my privilege. とも言う。

☐ **All the mudslinging turned me off.** 「中傷合戦にわたしはいや気がさした」(もろもろの中傷合戦にはうんざりした)。to turn me off は「わたしをうんざりさせる」という意味。

■ NOTES

☐ **forefathers** 祖先
☐ **the presidential election** 大統領選挙
☐ **the gubernatorial elections** 知事選挙
☐ **pathetic** (あきれて)悲しい
☐ **mudslinging** 中傷

TRANSLATION

投票はぼくらの祖先が考え出したものだし、みんなそれを活用すべきだね。ぼくが初めて投票したのは、先の大統領選挙だった。ぼくにとっては名誉だったね。でも、最近の一連の地方選挙のときは投票しなかった。あの泥仕合はあきれたもので、うんざりしたよ。

Chapter 11

VOICE 4

It's very important because **it gives us a voice in** our government. If people aren't voting, they only have themselves **to blame for** what's happening in our country. If you don't vote, you've done nothing. You're saying you're happy with what's going on. **I don't think anyone is 100% happy with what's going on.**

Pat, 55
Customer service rep.
Spring Valley, N.Y.

■ STRATEGY

投票することによって政府に自分たちのメッセージを送れるとし、投票しないということは現状でよいと表明していることになると言っている。

■ USEFUL EXPRESSIONS

☐ **It gives us a voice in** our government. 「政府に対する発言力を与えてくれる」。「〜に対する発言の機会を与える」ということ。

☐ If people aren't voting, they only have themselves **to blame for** what's happening in our country. 「もし投票しないと、われわれの国で起こっていることをだれの責任にもできない」。to blame ... for〜で「〜を…の責任にする」という意味。

☐ **I don't think anyone is 100% happy with what's going on.** 「現状に100%満足している人はいないはず」。問題提起するときなどに役立つ。

TRANSLATION

投票はとても大切ね。政府に対する発言権をわれわれに与えてくれるものですからね。棄権している人々は、わが国で現に起きている問題について他人を責める資格はないわ。投票をしないのは、何もしなかったのと同じ。現状に満足している、と言っていることになるのよ。でも、わたしは現状に100%満足している人などいないと思うの。

VOTING

VOICE 5

I have voted every time I was qualified in the last 55 years. I certainly feel that voting is one of the things citizens should do. But **I can see why** people would think that their vote **doesn't count.** Limiting congressional terms **would probably get people interested.** We don't need so many career politicians.

C.B., 76
Ret. soil conservationist
Eagar, Ariz.

■ STRATEGY

自分自身は棄権したことはなく、投票権の行使は大切であると訴えているものの、投票しない人たちの気持ちもわかると言っている。

■ USEFUL EXPRESSIONS

☐ **I can see why** people would think that their vote **doesn't count.** 「自分たちの一票が重要でないと思う気持ちもわかる」。to count は「重きをなす」という意味になる。

☐ ... **would probably get people interested.** 「…が人々の関心を呼びさますことになるだろう」

■ NOTES

☐ **congressional terms** 議員としての期間、任期
☐ **a career politician** プロの政治家

TRANSLATION

わしは選挙権を得てからこの55年間、選挙のときには必ず投票に行った。投票は市民の義務のひとつであると確信しているんだ。だが、人々が投票しても意味がないと思う気持ちもわかる。それから、議員の任期を制限すればおそらく、国民も関心を持つようになるだろう。われわれは、職業政治家の集まりを必要としているわけではないのだ。

Chapter 11

VOICE 6

It's every citizen's duty. **You may feel it doesn't count, but it does. When you get right down to it,** the president is just a puppet—he can't do anything unless Congress lets him. Congressional elections are what count. If you don't like what Congress is doing but don't vote, **it's not their fault. It's yours.**

Charlene, 51
Assistant buyer
Belton, Mo.

■ STRATEGY

議会の批判はすれども投票をしないのでは、批判する資格はないと言っている。

■ USEFUL EXPRESSIONS

☐ **You may feel it doesn't count, but it does.** 「重要でないと思うかもしれないが、そんなことはない」。相手の考え方が消極的なときに使える。

☐ **When you get right down to it ...** 「本気で取り組めば、…」。

☐ **It's not their fault. It's yours.** 「彼らが悪いのではなく、あなたの責任だ」。かなり強い調子で相手を非難するときに使う。

■ NOTES

☐ **duty** 義務

☐ **a puppet** 指人形、人の手先

☐ **Congressional elections** 連邦議会選挙

TRANSLATION

それはすべての市民の義務です。重要ではないと思うかもしれないけれど、そんなことはありません。有権者が本気で投票に取り組めば、大統領は、議会が命じること以外何もできない操り人形にすぎません。連邦議会の議員選挙が大切なんです。議会が行っていることが気に入らないのに投票しないなら、彼らが悪いのではなく、あなたの責任です。

VOTING

How important is voting to you?
(選挙の投票はあなたにとってどのくらい重要ですか)

☐ 非常に重要だ。
☐ すべての市民の義務である。
☐ 意味がないと思うかもしれないが、一票といえど大切だ。
☐ わたしはこれまで一度も投票の機会を逃したことがない。
☐ わたしはいつもみんなに「投票をしないのはほかのだれかに投票させていること。人任せにすると自分に不都合かもしれない計画や人・手続きに票を入れていることになる」と言っている。
☐ 政府に対する発言権を与えてくれるからとても重要だ。

☐ 投票しない人は、国内で現に起きている問題について他人を責めることはできない。

☐ 議会のやっていることが気に入らないのに投票しないなら、悪いのは議会ではなくあなただ。
☐ 投票をしないと何もしなかったことになる。現状に満足している、と言っているのと同じだ。
☐ 投票しないし、したこともない。

☐ It's extremely important.
☐ It's every citizen's duty.
☐ You may feel it doesn't count, but it does.
☐ I have never missed a voting opportunity in my life.
☐ I always tell peole that if you don't vote, you're letting someone else vote for you. You let someone else vote in programs, people and processes which may not be to your advantage.
☐ It's very important because it gives us a voice in our government.
☐ If people aren't voting, they only have themselves to blame for what's happening in our country.
☐ If you don't like what Congress is doing but don't vote, it's not their fault. It's yours.
☐ If you don't vote, you've done nothing. You're saying you are happy with what's going on.
☐ I don't vote and never have.

Chapter 11

- ☐ 総選挙に関しては、選挙人団があるから、本当の票決があらわれないと思う。

- ☐ 実際に有権者が政治の動向を変えられるとは思えない。

- ☐ 政治が腐敗しすぎているから興味が全くない。

- ☐ なるようにしかならない。

- ☐ 最近の地方選挙では投票しなかった。あまりにもひどい中傷合戦にいや気がさした。

- ☐ 投票しても意味がないと人々が考えるのはわかる。

- ☐ 職業政治家はそれほどたくさん必要でない。

- ☐ As far as major elections go, I don't feel that the true vote comes out because of the Electoral College.

- ☐ I don't feel that voters can honestly change the course of events in politics.

- ☐ There is so much corruption in politics that I'm just not interested.

- ☐ Whatever happens, happens.

- ☐ I didn't vote during the recent gubernatorial elections. All the mudslinging was pathetic and turned me off.

- ☐ I can see why people would think that their vote doesn't count.

- ☐ We don't need so many career politicians.

No

FINAL WISHES
Chapter 12

Have you talked to your family about your final wishes?
(あなたは家族に自分の最期の意思を伝えてありますか)

■ BACKGROUND

　回復の見込みがなく植物人間の状態にいる人(person in a vegetative state)は、現在全米に1万人以上いると言われている。

　1974年に植物人間になったKaren Ann Quinlanの養父母が生命維持装置を外して自然死させる消極的安楽死(passive euthanasia)を希望して裁判所に許可を求め、全米に安楽死および尊厳死ディベートが巻き起こった。1976年の二審で呼吸器の取り外しが認められた。その後カレンは自己呼吸を続け、1985年まで生きた。

　また1990年、植物人間状態のNancy Cruzanの両親が「以前に本人が話していたことを根拠に生命維持装置の取り外し」を求めた裁判において、連邦裁判所は「本人の意思は明確でなく、説得力がない」として5対4で両親の申し出を退けた。これにより、リビング・ウイル(死亡選択遺書)の必要性が高まった。すでに41州とワシントンD.C.では、このリビング・ウイルをなんらかの形で法制化している。また、20州においては、回復不可能になった際に自分の治療方法について判断をゆだねるための後見人(guardian)を指定できることになっている。

　死ぬ権利が広く叫ばれるようになった一方で、生きる権利(right to live)を主張するグループもある。特に障害者などの生きる権利が不当に侵害されることを懸念している。

■ KEY WORDS

□ **vegetative state**　　植物人間状態

　脳幹は生きていて自発呼吸はできるが、大脳機能が失われているため体を動かせない、自分の周りの物や状況を認識できないなどの状態が3カ月以上続き、加療によってのみ生き続ける状態。つまり

permanently unconscious person を意味する。簡単には"She is a vegetable."などとも言う。

☐ **living will**　リビング・ウイル(死亡選択遺書)

医師と相談の上、生前に発行する遺言書で、植物人間になったときの延命治療を拒否することを明記してある。正式には advance medical directives(事前医療指示書)という。医師とその内容に関して検討して作成したのちに、医療ファイルに保管し、家族、弁護士、あるいは宗教家などにその内容を伝えておく。アメリカでは、80%の人が最期の治療法は本人が選択すべきであると考えており、全人口の15-20%の人がリビング・ウイルを用意している。日本ではまだこの考えは浸透しておらず、1990年の統計では8000人が書いているだけにとどまっている。

■ RELATED WORDS & PHRASES

☐ 尊厳死　death with dignity
☐ 安楽死　euthanasia; mercy killing
☐ 脳死　brain death
☐ 心臓死　cardiac death
☐ 難病　an incurable disease
☐ 末期症状の患者　a terminal patient
☐ 終末期医療　terminal care
☐ 生命維持装置　life-sustaining equipment; a life-support system

What do you think?

● Have you talked to your family about your final wishes?（家族に最期の意思を伝えてあるか）

● Have you made and signed a living will yet? If not, are you going to do so?（死亡選択遺書を用意したか。まだなら、今後用意するつもりか）

● Do you want to live on a life-support system?（生命維持装置の世話になっても生き続けたいか）

● Do you think that people have the right to die with dignity?（人間に尊厳死を選ぶ権利があると思うか）

FINAL WISHES

VOICE 1

I haven't left any instructions, but **this case has made it a serious matter.** I plan to state in my will that **if I'm ever in a** vegetative **state** for more than a few months with no hope for recovery, I don't want to continue like that. **I wouldn't want to put** my family **through** that type of stress.

Evelyn, 45
Teacher
Benton Harbor, Mich.

■ STRATEGY
まだ書き残してはいないが、(死亡選択)遺書に書き残そうと考えている内容を披露している。

■ USEFUL EXPRESSIONS
☐ **This case has made it a serious matter.** 「この訴訟でそのことが重大な問題になった」。

☐ **If I'm ever in a** vegetative **state** for more than a few months with no hope for recovery, I don't want to continue like that. 「もし回復の見込みがなく植物人間状態で数ヵ月いるようなことがあれば、そのままでいたくない」。if . . . ever を使って架空の状況の議論をする。

☐ **I wouldn't want to put** my family **through** that type of stress. 「わたしの家族にあのようなストレスを味わわせたくない」。to put somebody through it で「人に厳しい試練を受けさせる」という意味になる。

■ NOTES
☐ **one's will** 遺言(書)
☐ **a vegetative state** 植物のような状態

TRANSLATION
今のところまだ何の指示も残してないけれど、今回の訴訟で真剣に考える契機が与えられたわ。わたしは(死亡選択)遺書に、数カ月以上植物人間の状態が続き、回復の見込みがないときには延命を望まないと書いておくつもりよ。自分の家族にあのような重圧を味わわせたくないわ。

Chapter 12

VOICE 2

Yes, I have. **I don't have it in writing,** but I told my family that I do not want to be on a life-support system. **There is no way that** I want to live like that. If you're not meant to live, then you won't. To me, being alive means being active, being able to do things. Who wants to live connected to a machine?

Kathy, *32*
Student
Muskogee, Okla.

■ STRATEGY
遺言書を書いているわけではないが、家族には話しているとし、生きている (being alive) とは自分にとってどういうことか、定義づけをしている。

■ USEFUL EXPRESSIONS
- **I don't have it in writing.** 「書面にはしていない」。書面というニュアンスを出すのにピッタリ。
- **There is no way that** I want to live like that. 「あのようには決して生きたくない」。that 以下を強く否定したい場合に There is no way を使うと有効。

■ NOTES
- **a life-support system** 生命維持器具

TRANSLATION
イエス。書類にはしていませんけれど、家族には生命維持装置の世話にはなりたくないと言ってあります。そんなふうにしてまで生きていたいとは思いません。人は生きる意志がなければ、生きていけません。わたしにとって、生きているということは活動的であるということ、行動できる状態のことです。機械につながれて生きていたいと思う人なんかいません。

FINAL WISHES

VOICE 3

My wife and I have talked about it, but we haven't made living wills. We have regular wills, but maybe a living will **is something that we should consider.** If there is no chance of recovery, I wouldn't want to be on a feeding tube. **I would much rather have** God **make the decision of** life and death.

Dave, 45
Art gallery owner
Sioux Falls, S.D.

■ STRATEGY

話したことはあるが、と前置きして死亡選択書は書いていないと言っている。自然死を望んでいる。

■ USEFUL EXPRESSIONS

☐ We have regular wills, but maybe a living will **is something that we should consider.**「普通の遺言書ならあるんだが、死亡選択書についても考えなければいけないかもしれない」。応用範囲の広い文型。

☐ **I would much rather have** God **make the decision of** life and death.「生死の決定は神に下してもらいたい」(存命装置によって生き延びるより自然に死んでいくことを望む)。…に決定をゆだねると言いたいときに役立つ表現。

■ NOTES

☐ **a living will** 死亡選択書(末期症状に陥った場合に延命処置を受けることを拒否する意向を述べた書類)

☐ **a feeding tube** 食物供給チューブ

TRANSLATION

そのことについて妻とは話したことがあります。けれどふたりともまだ、死亡選択書は作っていません。普通の遺言書は作ってありますけれど、死亡選択書も考えるべきかもしれませんね。回復の見込みが全くない場合、わたしはチューブから栄養を与えられている状態を望みません。わたしは生死の決定は神に下してもらいたいと思っています。

Chapter 12

VOICE 4

Not really. **I hadn't given it any thought, but I guess it's something that people should think about. How can** a state or a court **tell** your family **what's right or wrong** for them? Allowing someone to die should be according to the family's wishes, especially if the medical people say there is no hope.

Merrill, 51
Business owner
Bassett, Wis.

■ STRATEGY

話したことはないが、考えなければいけない問題であると言っている。また生きる望みがない患者に対する生死の決定は家族がすべきであるとしている。

■ USEFUL EXPRESSIONS

□ **I hadn't given it any thought, but I guess it's something that people should think about.**「私は考えてみたこともなかったが、みんなが考えなければいけないことだと思う」。少々格調の高い文だが、暗記しておきたい。

□ **How can** a state or a court **tell** your family **what's right or wrong** for them?「州や裁判所があなたの家族にとって何が正しく何が間違っているかの判断を下せるでしょうか」。疑問を投げかけるときに役に立つ。

■ NOTES

□ **medical people** 医療関係者

TRANSLATION

はっきりは話してないね。以前は考えたこともなかったが、みんなが考えなくてはならないことのような気がする。あなたの家族にとって何が正しくて、何が間違っているかが州や裁判所にわかるはずはない。死を選ぶかどうかは、家族の意思に任せられるべきだ。特に、医師たちが望みはないと言っている場合は。

FINAL WISHES

VOICE 5

I plan to have a living will. I took care of my mother for 12 years. She slowly deteriorated until, finally, she didn't know anyone but me. It was very fatiguing and emotional. It affected the whole family. **I'm happy I did it for her, but I wouldn't wish that on** my children. **I'm all for** letting people go.

Marcy, 65
Ret. physical therapist
Calais, Vt.

■ STRATEGY
議題については直接的には答えていない。final wishes というトピックについての意見を述べるにとどまっている。

■ USEFUL EXPRESSIONS
- **I plan to** have a will. 「遺言状を書くことにしている」。これからの予定についての基本的な表現。
- **I'm happy I did it for her, but I wouldn't wish that on** my children. 「彼女に対してそうしてあげたことはよかったと思っているが、自分の子供たちにそれを求めたいとは思わない」。自分としては満足だが他の人には薦めない、と言いたいときに使える表現。
- **I'm all for** letting people go. 「自然死に大賛成だ」。all を付け加えることによって「大いに」賛成という気持ちを表せる。

■ NOTES
- **to deteriorate** （症状が）悪化する
- **fatiguing** 疲れる
- **emotional** 感情に動かされやすい

TRANSLATION
わたしは死亡選択書を書くつもりよ。自分の母親の世話を12年間したの。母はゆっくりと弱っていって、最後にはわたし以外の人のことはわからなくなっていたわ。全く、肉体的にも精神的にも疲れ切って、家族全部に影響が及んだわ。わたしは母の面倒をみてやれてよかったと思っているわ。でも、子供たちに同じことを望んだりはしないわ。わたしは自然死に大賛成だわ。

Chapter 12

VOICE 6

We discussed a living will. After the Nancy Cruzan case, I will probably go ahead and get one so I don't **get hung up on** this kind of problem. **I sincerely believe** that people have **the right to die with dignity.** Nancy Cruzan **is doing nothing but** suffering. **There's nothing under the sun to bring** her **out of** it.

Rex, 48
Security police lt.
Reno, Nev.

■ STRATEGY

死亡選択書について話をしたと明言し、Nancy Cruzan の訴訟についてコメントしている。

■ USEFUL EXPRESSIONS

□ I will probably go ahead and get one so I don't **get hung up on** this kind of problem. 「このような問題で悩み苦しまないように、たぶんそれを準備するだろう」。to get hung up で「行き詰まる」ということ。

□ **I sincerely believe** that people have **the right to die with dignity.**「人間は尊厳死を選ぶ権利があると心から信じる」。sincerely を加えることによって意味が深くなる。

□ Nancy Cruzan **is doing nothing but** suffer**ing.** 「ナンシー・クルーザンはただ苦しんでいるだけだ」。to do nothing but... の構文。

□ **There is nothing under the sun to bring** her **out of** it. 「この世に彼女を救えるものはない」。under the sun (この世で) を付け加えることによって否定的な意味合いを強めている。

TRANSLATION

うちでは死亡選択書について話し合った。ナンシー・クルーザンの訴訟があったから、わたしは進んでそれを用意するだろう。そうすれば、この種の問題に悩まされ続けずにすむ。わたしは人間は尊厳死を選ぶ権利があると心から信じる。ナンシー・クルーザンはただ苦しんでいるだけだ。この世で彼女を今の状態から救えるものは何もない。

FINAL WISHES

Have you talked to your family

（あなたは家族に自分の最期の意思を伝えてありますか）

- [ ] ええ、したことがある。
- [ ] 書面にはしていないが、家族には延命装置の世話にはなりたくないと言ってある。
- [ ] 妻と話し合ったことはあるが、死亡選択書は作っていない。
- [ ] 死亡選択書について話し合った。

- [ ] もし植物状態のまま2、3カ月が経過して回復の見込みがないのなら、そのような状態で生きながらえたくない。
- [ ] 延命装置の世話になりたくない。そんな状態で生きるなんてまっぴらだ。機械につながれて生きていたいなんて人間はいない。

- [ ] Yes, I have.
- [ ] I don't have it in writing, but I told my family that I do not want to be on a life-support system.
- [ ] My wife and I have talked about it, but we haven't made living wills.
- [ ] We discussed a living will.

- [ ] I plan to state in my will that if I'm ever in a vegetative state for more than a few months with no hope for recovery, I don't want to continue like that.
- [ ] I do not want to be on a life-support system. There is no way that I want to live like that. Who wants to live connected to a machine?

Chapter 12

about your final wishes?

☐指示は何も用意していない。 ☐実質的にはしていない。以前は考えたこともなかった。	☐ I haven't left any instructions. ☐ Not really. I hadn't given it any thought.

☐回復の見込みがないのなら栄養補給管の世話になりたくない。生死の決定は神に任せたい。

☐ If there is no chance of recovery, I wouldn't want to be on a feeding tube. I would much rather have God make the decision of life and death.

☐自然死の決定は家族の意思に従って行うべきだ。特に回復の希望なしと医療関係者が判断した場合は。

☐ Allowing someone to die should be according to the family's wishes, especially if the medical people say there is no hope.

☐人間は尊厳死を選ぶ権利があると心から信じる。

☐ I sincerely believe that people have the right to die with dignity.

CREDIT-CARD NUMBER

Chapter 13

Does it bother you to give out your credit-card number?
(あなたはクレジットカードの番号を教えるのが気になりますか)

■ BACKGROUND

アメリカでは犯罪から身を守るためにも現金をたくさん持ち歩かず小切手(personal checks)で買い物をするのがごく一般的である。そして小切手を使う際に店員から"Driver's license and a major credit card, please."(運転免許証と大手クレジット会社のカードをお願いします)と言われる。そして、双方の番号を書き留められた上に、"Phone number, please?"(電話番号もお願いします)と言われ、同じく書き留められる。運転免許証もクレジットカードも身分証明書として取り扱われるわけである。これも残高不足の口座の小切手を使用する人が多いために商店側がとっている防御策のひとつ。

アメリカ人は平均8枚を超えるクレジットカードを持っていると言われているほど、クレジットカードでの買い物が一般化している。この場合は、サインとともに電話番号の記載を求められるのが習慣化している。

このように買い物のたびにパーソナルな情報を公開することになり、これらの情報を悪用されることが問題化している。

■ KEY WORDS

□ **credit-card scam**　　クレジットカード詐欺

アメリカの消費者の多くは買い物のたびに小切手に印刷されてある氏名、住所、銀行名、口座番号に加えて、運転免許証番号、電話番号までもの個人情報を店側に教えていることになる。これら情報を悪用した詐欺を credit-card scam あるいは credit-card fraud といい、全米で年間10億ドルからの被害が出ている。

アイオワ州ではこのような詐欺から消費者を守る法律が1988年より

施行されている。同様の法令がバージニア、メリーランド、フロリダ、カリフォルニアの各州でも施行されることになっている。またニューヨーク州ではクレジットカードの伝票に電話番号を書かなくてもよい。

わが国でも電話による勧誘をする会社やダイレクトメールの会社などに個人情報が売られていると言われているが、電話番号などをなんの抵抗もなく教える一般消費者がほとんどである。

■ RELATED WORDS & PHRASES

□主なクレジットカード　major credit-cards(アメリカでは American Express、Diners Club、MasterCard、VISA などを指す)
□小切手　a check
□不渡り小切手　bad checks; bounced checks
□当座預金口座　a checking account
□身分証明　identification(ID)
□運転免許証番号　a driver's license number
□会社の方針　(a) company policy
□消費者グループ　a consumer group
□電話による勧誘をする会社　a telemarketer
□メール・オーダー会社　a mail-order business
□悪用　an abuse
□厄介なこと　a nuisance

What do you think?

● Do you have any credit cards? If so, how often do you use them?(クレジットカードを何か持っているか、その場合、どの程度使っているか)

● Do you think that carrying a lot of money is dangerous? (大金を持ち歩くのは危険だと思うか)

● Do you think that using personal checks is a good idea? (小切手を使うのはいいアイデアか)

● Does it bother you to give out your phone number? (電話番号を教えるのに抵抗を感じるか)

CREDIT-CARD NUMBER

VOICE 1

No. I know the credit-card companies have a program that would protect me if there is some sort of fraud going on. I have had things come up on my bills that were not mine, and **simply by** writing a letter and following up, **those things were taken off. What does bother me is** giving out my phone number.

Richard, 45
Travel consultant
New York, N.Y.

■ STRATEGY
具体的な例を挙げ、カード会社を信用していることを強調。最後にカード番号よりも電話番号のほうが気になると言って、カードに関係した問題が比較的重要でないことを印象づけようとしている。

■ USEFUL EXPRESSIONS

☐ . . . , and **simply by** writing a letter and following up, **those things were taken off.**「そして、ただ手紙を書いて適切な処置をしただけで、そういったことは取り除かれた」。simply を使うことによって、ほんのちょっとしたことをするだけでというニュアンスを出せる。

☐ **What does bother me is** giving out my phone number. 「私が気になるのは、電話番号を教えることだ」。Don't bother me! と言えば「私を困らせないでくれ」「邪魔しないでくれ」という意味。

■ NOTES
☐ **fraud** 詐欺

TRANSLATION
ノー。何らかの詐欺行為に巻き込まれたとしても、クレジットカード会社に私を保護するプログラムがあるのを知っているからね。実際、全く身に覚えのない支払いが請求書に載っていたこともあったけど、そのときはその旨を一筆書いて適切な処置をしただけで、削除してもらったさ。カード番号より気になるのは、電話番号を教えることだね。

Chapter 13

VOICE 2

Yes. **I never give out** my credit-card number. When I make a purchase and they ask for ID, I give them my driver's license. If they ask for a credit card, I refuse. I tell them, "If you want my business, you'll just take the license. **Otherwise, I'll take my business somewhere else.**" It works out very well.

James, 65
Organization director
Yorba Linda, Calif.

■ STRATEGY

自分の例を挙げクレジットカード番号を教えずに買い物をする方法を提示している。具体的に説明しているので説得力がある。

■ USEFUL EXPRESSIONS

☐ I **never give out** my credit-card number. 「私は決してクレジットカード番号を教えない」。100％そういうことはしないというときに never を使う。

☐ If you want my business, you'll just take the license. **Otherwise, I'll take my business somewhere else.** 「私と商売したければ免許証(番号)にしておきなさい。さもなければほかで買う」。相手に要求をつきつけ、そしてそれがかなわないときには次のような事態になりますよと少々オドシをかける表現。

■ NOTES

☐ **to make a purchase**　購入する

TRANSLATION

イエス。わしは、クレジットカードの番号を決して教えないね。買い物をして、ID(身分証明書)の提示を求められたときは、運転免許証を見せることにしてるんだ。クレジットカードを見せてくれと言われたら、ことわる。そして、こう言ってやるんだ。「わしと商売したきゃ、免許証で受け付けとくれ。さもなきゃ、別の店へ行くさ」と。たいていこれでばっちりさ。

CREDIT-CARD NUMBER

VOICE 3

It doesn't really bother me. **I get more intimidated when** they ask to see my driver's license, since I already have my license number on my check. I don't give out my home phone number, and **when I** make a credit-card purchase, **I always make sure** they give me a copy, and I tear off the carbons.

Ninfa, 37
Senior sales manager
Corpus Christi, Texas

■ STARATEGY

免許証番号や電話番号と比較して、クレジットカード番号はたいした問題でないとしている。より重大な問題を提示することによって、取り上げられている問題がそれほど重要でないということを印象づけている。

■ USEFUL EXPRESSIONS

□ **I get more intimidated when** they ask to see my driver's license.「運転免許証の提示を求められたときのほうがもっといやだ（おそろしい）」。to get を伴った比較表現が使えるようになると表現の幅が広がる。

□ **When I** make a credit-card purchase, **I always make sure** they give me a copy.「クレジットカードで買い物をするときは、店員から必ずコピーを受け取るようにしている」。習慣にしていることを説明する際に役立つ。

■ NOTES

□ **a check** 小切手
□ **a carbon** カーボン紙（写し）

TRANSLATION

たいして気にならないわ。それより、運転免許証を見せてくれって言われるほうが怖いわね。だって、免許証の番号はわたしの小切手にちゃんと書いてあるんだもの。自宅の電話番号は絶対に明かさないし、クレジットカードで買い物をするときは、いつも必ずコピーをもらって、カーボン紙は破り捨てることにしてるわ。

Chapter 13

VOICE 4

I don't have a credit card, but **it does become rather annoying when** people try to insist that you must have one. I do encounter requests for a credit card when I issue a check. I just give them my driver's license and a voter registration card. It hasn't been difficult for me to purchase what I want.

Joe, 48
Minister
Jackson, Mich.

■ STRATEGY

クレジットカードを持っていないが、運転免許証と選挙民登録証でこと足りていると説明している。

■ USEFUL EXPRESSIONS

☐ I don't have a credit card, but **it does become rather annoying when** people try to insist that you must have one. 「私はクレジットカードを持っていないが、他人から持たなければだめだなどと言われるといささかうんざりするのは確かだ」。めんどうだと思われることを表現するのに役立つ。

■ NOTES

☐ **a voter registration card** 選挙民登録証

TRANSLATION

わたしはクレジットカードを持っていないんだが、何がなんでも持たなくちゃいけないみたいに言われると、頭にくるね。小切手を切れば、クレジットカードを見せてくれって言われるしね。でも、そんなときは運転免許証や選挙登録証を見せてやるんだ。それで買いたいものが買えないようなことはないよ。

CREDIT-CARD NUMBER

VOICE 5

It does bother me because **it's not relevant to** using a check. **It's not the law that** you have to give it out. I work in retail, and we don't ask for a credit card if we're taking a check from someone. But we do ask for an address and telephone number. I've had people refuse, and I've had to accept it.

Barbara, *24*
Florist
Philadelphia, Pa.

■ STRATEGY

法律で決まっていることでもないし、クレジットカード番号は教えたくないと言っている。自分の店でもお客にクレジットカードを持っているかたずねることはないと述べ、一貫性のあるところを印象づけている。

■ USEFUL EXPRESSIONS

☐ It does bother me because **it's not relevant to** using a check.
「小切手を使用することと関係がないのでイヤだと思う」。因果関係などを問題にするときに有効な表現。

☐ **It's not the law that** you have to give it out. 「教えなくてはいけないという法律はない」。法的な根拠について問題にするときに役立つ。

■ NOTES

☐ **to be relevant to** ～に関係がある
☐ **to work in retail** 小売業に携わっている

TRANSLATION

確かに気になるわね。だって、小切手を使うこととは何の関係もないんだもの。見せなくちゃいけないって法律で決められてるわけじゃないし。わたしも小売店で働いているけれど、小切手で払うお客さんにクレジットカードを見せてくれなんて言うことはないわ。住所と電話番号は聞くけどね。教えてくれない人もいるけど、それはそれで仕方ないと思うわ。

Chapter 13

VOICE 6

I'm living proof that you can get along without a credit card. I don't have a checking account, either. If I don't pay cash for it, I don't get it. I only have the basic bills—rent, gas, and so on—and I pay for them by money order. **I don't believe in** credit cards. **I'm one of the unusual ones in this world.**

Karen, 29
Secretary
Baltimore, Md.

■ STRATEGY

クレジットカードどころか小切手も使っていないことを明らかにし、それでも暮らしていけることを力説。多くの日本人にとっては別に当たり前のことであるが…。

■ USEFUL EXPRESSIONS

☐ **I'm living proof** that you can get along without a credit card.
「わたしはクレジットカードなしでもやっていけることを示す生きた証拠だ」。自らの行動を supporting material として使うときに有効。

☐ **I don't believe in** credit cards. 「クレジットカードの価値を認めていない」。

☐ **I'm one of the unusual ones in this world.** 「私はこの世の変わり者のひとりだ」。開き直った表現。

■ NOTES

☐ **a checking account** （小切手用の）当座預金口座

☐ **to pay cash** 現金を（で）払う

☐ **money order** 送金為替

TRANSLATION

クレジットカードがなくても生活していける見本が、このわたしよ。小切手が使える当座預金口座も持ってないの。現金で払わなきゃ何も買えないのよ。請求書がくるのは、家賃とかガス代とか、最低限必要なものだけ。それは送金為替で払ってるの。クレジットカードなんて信頼できないわ。わたしみたいなのは、世界中でもあまりいないと思うけどね。

CREDIT-CARD NUMBER

Does it bother you to give out

(あなたはクレジットカードの番号を教えるのが気になりますか)

□ はい、わたしは決してクレジットカードの番号を教えない。

□ 買い物をして、身分証明書の提示を求められたら運転免許証を見せる。クレジットカードを見せてくれと言われたらことわる。

□ 私はクレジットカードを持っていないが、他人から持たなければだめなどと言われるといさかうんざりするのは確かだ。

□ 小切手を使用することと関係がないのでイヤだ。教えなくてはいけないという法律はない。

□ Yes. I never give out my credit-card number.

□ When I make a purchase and they ask for ID, I give them my driver's license. If they ask for a credit card, I refuse.

□ I don't have a credit card, but it does become rather annoying when people try to insist that you must have one.

□ It does bother me because it's not relevant to using a check. It's not the law that you have to give it out.

Chapter 13

your credit-card number?

- いや、私が何らかの詐欺行為に巻き込まれたとしても、クレジットカード会社に私を保護するプログラムがあるのを知っている。
- 全く身に覚えのない支払いが請求書に載っていることもあったが、ただ手紙を書いて適切な処置をしただけで、そういった項目は削除された。
- 私が気になるのは、電話番号を教えることだ。
- たいして気にならない。
- 運転免許証の提示を求められたときのほうがもっといやだ。免許証の番号はわたしの小切手に書かれているから。

- 自宅の電話番号は教えないし、クレジットカードで買い物をするときは店員から必ずコピーを受け取るようにし、カーボンは破り捨てるようにしている。

- No. I know the credit-card companies have a program that would protect me if there is some sort of fraud going on.
- I have had things come up on my bills that were not mine, and simply by writing a letter and following up, those things were taken off.
- What does bother me is giving out my phone number.
- It doesn't really bother me.
- I get more intimidated when they ask to see my driver's license, since I already have my license number on my check.
- I don't give out my home phone number, and when I make a cerdit-card purchase, I always make sure they give me a copy, and I tear off the carbons.

AIDS

Chapter 14

Should people with AIDS be restricted from traveling in the USA?

(エイズウイルス感染者がアメリカを旅行するのを制限すべきですか)

■ BACKGROUND

20世紀後半に地球を襲った最悪の感染病のひとつがエイズである。1990年半ば現在、アメリカにおけるエイズ患者の累積数は14万人近くに及ぶ。これに対して日本は300人に満たない。世界保健機関(WHO)によると、世界中にエイズ患者が70万人、感染者は600-800万人いると推定されている。

1980年代に大流行し始めたときは、感染経路などがしっかりと認識されず必要以上の恐怖感をあおる結果となり、差別につながった。

1990年に第6回国際エイズ会議(The 6th Annual Conference on AIDS)がサンフランシスコで開催された際に、アメリカ政府は外国のエイズウイルス感染者に対し、この会議のためだけの特別措置ということで10日間に限り入国を許した。この措置が論議を呼んだ。

■ KEY WORDS

□ **AIDS**　エイズ

acquired immunodeficiency syndrome(後天性免疫不全症候群)の略。1950年代に風土病として発生していたことはわかっているものの、エイズウイルスの起源ははっきりしていない。またエイズウイルスは HIV (Human Immunodeficiency Virus＝ヒト免疫不全ウイルス)と呼ばれている。このウイルスは生体の免疫システムを破壊するので、体内で抗体を作れなくなり体の抵抗力がなくなる。進行するとカリニ肺炎の症状が出たりカポシ肉腫になったりする。これらの症状はウイルス感染後早くて1年、通常2〜5年後に現れる。

感染経路は次の4つに大別できる——性行為(sexual contact)、注射針(contaminated needles)、汚染された血液(infected blood)、母子

感染(transmission from mother to newborn)。蚊による感染例は報告されていない。

☐ **AIDS discrimination**　　エイズ差別

エイズ患者・感染者に対する不当な差別のこと。エイズがウイルスによって感染する死にいたる病であり、しかもこれといった治療法も確立されていないために多くの人が恐怖感を抱いている。このことが差別に拍車をかけている。アメリカ公民自由連盟(American Civil Liberties Union)の調べによると、1983年から88年の間に起こされたエイズ差別訴訟(AIDS discrimination complaints)は1万3000件にのぼり、その数は急激に増えている。

■ RELATED WORDS & PHRASES
- ☐無知　ignorance
- ☐恐怖　fear
- ☐寛容　tolerance
- ☐伝染病　an infectious disease
- ☐流行病　an epidemic
- ☐輸血　a blood transfusion
- ☐同性愛者　a homosexual
- ☐麻薬常習者　a drug addict
- ☐売春婦　a prostitute

What do you think?
- Do you think that you have enough knowledge about AIDS? (エイズについて十分な知識を持っているか)
- Do you think that our government spends enough money on AIDS? (政府はエイズ対策に十分な資金を投入しているか)
- Is there discrimination against people with AIDS? (エイズウイルス感染者は差別されているか)
- Should we keep out foreigners with AIDS? (エイズに感染している外国人の入国を拒否すべきか)

AIDS

VOICE 1

Yes. AIDS is so widespread, and **there doesn't seem to be a way to** stop or cure it. We can't control people's lifestyles and police every single individual who comes into the United States. **Because of that, it would be best to** control and help our own people and not allow the disease to spread any further.

Ralph, 36
Florist
Merion, Pa.

■ STRATEGY

現状をいろいろな角度から分析した上で、感染を最小限に食い止めるにはこの論題を実施したほうがよいと結論づけている。

■ USEFUL EXPRESSIONS

☐ **There doesn't seem to be a way to** stop or cure it. 「それを阻止する方法も治療する方法もないようだ」。可能性が見えないときの表現。

☐ **Because of that, it would be best to** control and help our own people. 「だから、規制して自国の人々を助けるのがベストだと言えるだろう」。理由を挙げたあとで結論を述べる表現として役立つ。

■ NOTES

☐ **to police** 管理下に置く、監視する

TRANSLATION

イエス。エイズはまんえんして、それを阻止する方法も治療する方法も見当たらないじゃないか。人々のライフスタイルを規制することはできないし、アメリカに入ってきた人々、一人ひとりを取り締まることもできやしない。だから規制して国民を助け、これ以上病気が広がらないようにするのが一番だね。

Chapter 14

VOICE 2

No. They're not coming here to live and to utilize our medical facilities. They're coming for a special event and should be allowed to do that. **The fact that** they are traveling in the country **does not mean** they will spread the disease any more than the people with AIDS who live here will spread it.

Bobbi, 53
Organization president
Oakland, Calif.

■ STRATEGY
旅行しているエイズ患者が、実際に居住しているエイズ患者よりも病気をまんえんさせる可能性が高いわけではないとし、冷静な議論展開をしている。

■ USEFUL EXPRESSIONS
☐ **The fact that** they are traveling in the country **does not mean** they will spread the disease any more than the people with AIDS who live here will spread it. 「この国を旅行しているということは、ここに住んでいるエイズ患者が病気をまんえんさせるよりも高い確率で人に移すということにはならない」。議論のすり換えに対処するのに役立つ文型。

■ NOTES
☐ **to utilize**　利用する
☐ **medical facilities**　医療施設

TRANSLATION
ノー。彼らは、ここに住みついてわれわれの医療施設を利用しようという考えで来るわけじゃないわ。特別な目的でここへ来るのだから、それをやるのは許されるべきよ。彼らがこの国で旅行しているからといって、ここに住んでいるエイズ患者たちが病気を広める以上に彼らが病気を広めていくってことにはならないわ。

AIDS

VOICE 3

I definitely think there should be travel restrictions for people with AIDS. Anybody with a contagious disease should be kept home until he is healthy enough to travel. **Even though** AIDS isn't a contagious disease like tuberculosis, **who is to say** that it won't be transmitted once the carrier is in the country?

Bob, 67
Retired carpenter
Springfield, Ill.

■ STRATEGY
伝染病患者に対しては病気が治るまで旅行を禁止すべきだという強硬な意見を展開している。

■ USEFUL EXPRESSIONS
☐ **I definitely think there should be** travel restrictions for people with AIDS. 「エイズ感染者に対して絶対に旅行制限を設けるべきだと思う」。definite を付け加えることによって強気であることを示す。

☐ **Even though** AIDS isn't a contagious disease like tuberculosis, **who is to say** that it won't be transmitted once the carrier is in the country? 「エイズが結核ほどの伝染病でないとしても、保菌者が入国してしまえば菌が感染しないとだれが言えようか」。…だとしても~だ、という論理展開のときに even though を使う。

■ NOTES
☐ **a contagious disease** 伝染病
☐ **tuberculosis** 結核
☐ **a carrier** キャリア、感染者

TRANSLATION
わしは断固としてエイズ患者たちは旅行規制されるべきだと思うよ。伝染病患者はだれであろうと、旅行するに足るだけ体が回復するまで家にいるべきだね。エイズが結核みたいな伝染病でないとしても、保菌者がいったん入国してしまえば感染しないなんて言える人はいないだろう。

Chapter 14

VOICE 4

As long as we are aware ahead of time that a traveler is HIV positive and the proper precautions are taken, I don't see a reason why they shouldn't be able to travel here. Staying here **is another problem** since we're already in the midst of an epidemic. But **it's OK if** they want to travel and then go home.

Allison, 37
Assistant bookkeeper
Weehawken, N.J.

■ STRATEGY

条件付きではあるが、論題に賛成している。そして、住みつくことは別問題だが、と付け加えている。

■ USEFUL EXPRESSIONS

☐ Staying here **is another problem** since we're already in the midst of an epidemic. 「流行のまっ最中なので、ここに長期滞在(住む)となると別問題である」。論点をはっきりさせたいときにも役に立つ。

☐ But **it's OK if** they want to travel and then go home. 「しかし、旅行して家(本国)へ戻るというのならいい」。if 以下のことなら問題ないというときに便利な表現。

■ NOTES

☐ **HIV positive**　HIV (ヒト免疫不全ウィルス) 陽性の、エイズに感染した

☐ **a precaution**　予防措置

☐ **an epidemic**　流行

TRANSLATION

　旅行者がエイズ保菌者で、適切な予防措置が取られていることが事前にわかるのなら、彼らがこの国で旅行しちゃいけない理由はないんじゃない。ここに滞在するというのは別の問題だわ。なぜって、あたしたちはすでに流行のまっただ中にいるわけだから。でも、旅行して、その後自分の国へ戻るっていうのなら、いいわよ。

AIDS

VOICE 5

If they test positive for AIDS, they should not be allowed in the United States or any other country. **Why** spread the disease; **why not** just isolate it? I don't think that restricting travel **discriminates against** AIDS victims. It's just taking the proper precautions to make sure the disease doesn't spread.

Johnnie, 55
Homemaker
Moss point, Miss.

■ STRATEGY

エイズ感染者の旅行を制限することは差別ではないのはもちろんのこと、伝染を防ぐために必要なことだとしている。賛成派の代表的な考え。

■ USEFUL EXPRESSIONS

□ **Why** spread the disease; **why not** just isolate it? 「なぜその病気をまんえんさせるのか。隔離したらよいではないか」。完全な文章になっていないが、それだけにパンチがある。

□ I don't think that restricting travel **discriminates against** AIDS victims. 「旅行制限がエイズ犠牲者に対する差別とはならないと思う」。差別を問題にするときにもっともよく使う表現。

■ NOTES

□ **AIDS victims** エイズ患者(犠牲者)

TRANSLATION

アメリカもほかの国も、エイズの検査で陽性と出た旅行者の入国は認めるべきではないわ。どうして病気を広めたりするのよ。隔離すればいいじゃない。わたしは、旅行を禁止することがエイズ患者を差別することにはならないと思うわ。それはただ、確実に病気を広げないようにするための適切な予防措置を取るだけのことじゃない。

Chapter 14

VOICE 6

No. **Overall,** we have to have restrictions on travelers. I wouldn't let anyone in who had tuberculosis because it can spread fairly easily. But AIDS doesn't spread like TB, and a person who is not trying to spread it intentionally should be allowed to live like a human being and travel where he wants.

Rudy, 42
Business owner
Reno, Nev.

■ STRATEGY

結核と比較してエイズの伝染力の弱さを強調。意図的に病気を伝染させようとするのでなければエイズ感染者の旅行は問題ないとしている。

■ USEFUL EXPRESSIONS

☐ **Overall,** we have to have restrictions on travelers. 「全般的には旅行者に対する規制はすべきである」。一般論を述べるときに使う表現。

■ NOTES

☐ **TB** 結核 (tuberculosis)

TRANSLATION

ノー。でも旅行者全体には制限を課す必要がある。結核はぱっと広まることがあるから、わたしなら結核患者は入国させないだろうね。でもエイズは結核みたいに広まらないし、故意に人に感染させようという人でなければ、人間らしく生き、好きな場所を旅行することが認められるべきだね。

AIDS

Should people with AIDS be re-
(エイズウイルス感染者がアメリカを旅行するのを制限すべきですか)

- □ そうだ。エイズはまんえんしていて、それを阻止する方法も治療する方法もないようだ。
- □ エイズ感染者に対して絶対に旅行制限を設けるべきだと思う。
- □ 伝染病患者はだれでも旅行ができる程度に健康を回復するまでは家にいるべきだ。
- □ エイズが結核ほどの伝染病でないにしても、保菌者が入国してしまえば菌が感染しないとだれが言えようか。
- □ エイズ検査で陽性と出た人たちの入国は、アメリカだけでなくどの国でも認めるべきではない。
- □ なぜ病気をまんえんさせるのか。隔離したらよいではないか。
- □ 旅行制限がエイズ感染者に対する差別とはならないと思う。病気のまんえんを確実に阻止するための適切な予防措置を取ることにすぎない。

- □ Yes. AIDS is so wide-spread, and there doesn't seem to be a way to stop or cure it.
- □ I definitely think there should be travel restrictions for people with AIDS.
- □ Anybody with a contagious disease should be kept home until he is healthy enough to travel.
- □ Even though AIDS isn't a contagious disease like tuberculosis, who is to say that it won't be transmitted once the carrier is in the country?
- □ If they test positive for AIDS, they should not be allowed in the United States or any other country.
- □ Why spread the disease; why not just isolate it?
- □ I don't think that restricting travel discriminates against AIDS victims. It's just taking the proper precautions to make sure the disease doesn't spread.

Yes

Chapter 14

stricted from traveling in the USA?

- □ ノー。彼らは住みついてわれわれの医療施設を利用するためにここへ来るわけではない。
- □ 特別な目的で来るのだから、それをやるのは許されるべきだ。
- □ この国を旅行しているということが、ここに住んでいるエイズ患者が病気をまんえんさせるよりも高い確率で人に移すということにはならない。
- □ 旅行者がエイズ保菌者で適切な予防措置が取られていることが事前にわかれば、彼らがここを旅行していけない理由はない。
- □ エイズは結核のように簡単には移らない。
- □ 故意に移そうとしている人でなければ、人間らしく生き、好きなところを旅行できるようにすべきだ。

- □ No. They're not coming here to live and utilize our medical facilities.
- □ They're coming for a special event and should be allowed to do that.
- □ The fact that they are traveling in the country does not mean they will spread the disease any more than the people with AIDS who live here will spread it.
- □ As long as we are aware ahead of time that a traveler is HIV positive and the proper precautions are taken, I don't see a reason why they shouldn't be able to travel here.
- □ AIDS doesn't spread like TB.
- □ A person who is not trying to spread it intentionally should be allowed to live like a human being and travel where he wants.

TEXTBOOK

Chapter 15

Do you think textbooks can harm children?

(教科書は子供たちに害をもたらすこともありえると思いますか)

■ BACKGROUND

　日本では文部大臣が小・中・高校で使われるすべての教科書の検定権を有している。また文部大臣が認めた文部省検定済教科書に関する採択権は、小・中学校用の場合は各市町村教育委員会が持っている。高校用に限り各都道府県の教育委員会が有しているが、実質上は各校に任されている。

　アメリカの場合は国家による検定はなく、州レベルの教育委員会(school board)によって教科書が選定されている。しかし近年、保守的な親や宗教グループが中心となり、内容の一部が不適切なので使用をやめるようにという要求が各地で出ている。幼稚園から6年生までを対象に全米で使用されている *Impressions* というシリーズの教科書が「悪魔崇拝(Satanism)、暴力(violence)、不道徳行為(immorality)、権威軽視(disrespect for authority)」などの理由で不適切であるとの声が上がり、5つの学区で使用を停止した例がある。

■ KEY WORDS

□ **censorship**　　検閲

　教科書などの内容を検討し、好ましくないものを選んでその使用を制限することを censorship という。一般出版物・映画・放送などに対する同様の言語統制も同じく censorship といい、言論の自由の最大の敵と考えられている。ある思想などに基づいた圧力や抗議に屈して教科書の使用をやめた場合などに、自由尊重派はこの圧力を censorship という。

□ **National Education Association**　　全米教育協会

　1857年に発足した小学校教師の会で、略称はNEA。前身をNational

Teacher's Association という。現在、160万人以上の会員がおり、教師の利益を代表する全国組織として、組合および学会としての機能を果たしている。教科書の選定に関しては"Children need exposure to real life and parents have no right to dictate to the schools what should be taught."（現実の社会に子供たちの目を向けさせる必要がある。親には学校に対して何を教えるべきか指図する権利はない）と強気の発言をしている。

■ RELATED WORDS & PHRASES

- □ 文部省　the Ministry of Education; the Monbusho
- □ 文部大臣　the Minister of Education; the Education Minister
- □ 教育委員会（日本）　the board of education
- □ 教育改革　educational reform
- □ 教科書検定　screening of school textbooks; examination of school textbooks
- □ 教科書検定委員会　the textbook examination board
- □ 教科書検定官　an examiner of school textbooks
- □ 社会科　social studies

What do you think?

- ● Did you think that any of the textbooks you used in school were harmful?（学校で使った教科書で自分にとってマイナスだったと思うものはあるか）
- ● Do you think that parents should have a right to participate in the review process when school boards are considering selections?（教育委員会が採用教科書を検討している場合、選定過程に親も参加すべきだと思うか）
- ● Do you think that the censorship of school textbooks by the national government is necessary?（国の政府による学校教科書検定は必要か）
- ● Do you have any ideas on how to improve the contents of school textbooks?（学校教科書の内容改善について何かいい考えがあるか）

TEXTBOOK

VOICE 1

Yes, I do. And I think TV **can harm** them, too. I raised five kids of my own, and I read to them a lot. I also knew what they were reading, which was the regular children's books. There wasn't all of this sex stuff that children today are exposed to from the time they're little. **There is too much of that.**

Vivian, 68
Retired postmaster
Grasston, Minn.

■ STRATEGY

TVやセックスものの本の害などについて語り、肝心な教科書については全く触れていない。論題から完全にズレている。

■ USEFUL EXPRESSIONS

☐ I think TV **can harm** them, too. 「テレビも害をもたらしうると思う」。害悪の可能性について述べるときに便利な表現。

☐ **There is too much of that.** 「そういうものが多すぎる」。うんざりした気持ちを表すのに効果的。

■ NOTES

☐ **children's books**　児童書

TRANSLATION

イエス。それに、テレビも子供にはよくないと思います。わたしは実の子を5人育てましたが、子供たちにはたくさん本を読んでやりました。それに、彼らが何を読んでいるのか知っていました。それは普通の子供向けの本でした。以前は、こうしたセックスに関する本は一切ありませんでしたが、今の子供たちは、そうした本を幼いころから目にしています。今は、その手のものが多すぎます。

Chapter 15

VOICE 2

Not if used appropriately by classroom instructors. Teachers, **as a whole,** really try to reflect what society wants. There are some individually strong feelings about book censorship, but **I don't think they represent what the majority of society thinks.** We cannot teach for the very few.

Doug, 46
Accounting instructor
Gladstone, Mich.

■ STRATEGY

先生の適切な指導があればという条件つきながら、教科書には問題がないとしている。

■ USEFUL EXPRESSIONS

☐ Teachers, **as a whole,** really try to reflect what society wants. 「教師たちは、全体として、社会の意向を反映させようと努力している」。一般的な傾向を述べるときに役立つ表現。

☐ There are some individually strong feelings about book censorship, but **I don't think they represent what the majority of society thinks.** 「本の検閲を強く求める意見もあるが、それらが社会全体の考えを反映しているとは思えない」。世論の動向を取り上げる際に役立つ表現。

■ NOTES

☐ **book censorship** 書籍の検閲

TRANSLATION

担当の教師が適切な使い方をすれば、問題ないと思いますよ。教師たちは一般に、社会の求めるものを反映しようとしています。本の検閲を強く求める声も個々にはありますが、それが社会の大多数の人々の考えを代表しているとは思えませんね。われわれは少数派の側に立って教えることはできません。

TEXTBOOK

VOICE 3

Sure. **Depending on** their age, children certainly **can be swayed by** books. It also depends on what parents and teachers are telling kids and if they're being taught improperly. **You can take** the story about Jack and Jill falling down the hill **and make it seem like** they were doing something wrong.

LaVerne, 50
Executive secretary
Yardley, Pa.

■ STRATEGY
教科書そのものの影響とともに、教える側の責任について述べている。

■ USEFUL EXPRESSIONS

□ **Depending on** their age, children certainly **can be swayed by** books. 「年齢によっては、子供たちの考えが本によって左右されることは十分にある」。depending on... を付け加えることによって反論への伏線をはる。

□ **You can take** the story about Jack and Jill falling down the hill **and make it seem like** they were doing something wrong. 「ジャックとジルが丘を転げ落ちる話を何か悪いことをしていたというように仕立てあげることもできる」。たとえ話をするのに役立つ表現。

■ NOTES
□ **to sway** （人・意見などを）動かす
□ **improperly** 誤って、不適当に

TRANSLATION
確かにあるわ。子供はその年齢によっては、本に強く影響されることがあるもの。それに両親や先生たちが子供たちに話す内容や、間違って教えられているかどうかにもよるでしょうね。ジャックとジルが丘を転げ落ちるという話で、彼らが何か悪いことをしているみたいに思わせることも可能でしょ。

Chapter 15

VOICE 4

Taken in the wrong context, they could be harmful. Any book, even those that we deem holy and good, could be used in a detrimental manner. **Part of the problem is** activists who look for something negative. Convincing children to read, **period,** is what we should be looking at, rather than what they read.

Eddie, 44
Electrical engineer
Durham, N.C.

■ STRATEGY
論題に使われている can を文字通りに解釈し、「使い方次第では…」と悪影響を及ぼす可能性は否定していない。しかし、そういったことより、子供たちにまず本を読ませることが大切だと主張している。

■ USEFUL EXPRESSIONS
□ **Taken in the wrong context, they could be harmful.** 「間違った取られ方をされれば、害になりうる」。

□ **Part of the problem is** activists who look for something negative. 「あら探しをする活動家も問題だ」。原因を語るときに有効。

□ Convincing children to read, **period,** is what we should be looking at, rather than what they read. 「子供たちに読書をするように説く。ピリオド(まる)。何を読むかということよりそれを目指すべきだ」。最も言いたいことを強調するのに使う。

■ NOTES
□ **context** 文脈
□ **detrimental** 有害な
□ **activists** 活動家たち

TRANSLATION
　間違った文脈で理解すれば、害になることもあるだろうね。神聖な良書と思われているものだって悪用しようと思えばできる。否定的なものを見つけようとしている活動家たちも問題の一部だね。子供に読むように納得させること、子供が何を読んでいるかよりもそれを目指すべきだね。

TEXTBOOK

VOICE 5

In my 12 years of grade school and high school, **I haven't come across anything that** persuaded or influenced me in a negative way. I don't think they should bring adult books into the school system, but whatever is good for a certain age group I think is fine. **There are a lot of other things to worry about.**

Terese, 17
Student
Claremont, Calif.

■ STRATEGY

自分の体験に基づいて、問題がないことを訴えている。その上、ほかにもっと大切な問題があると指摘することによって、この問題がたいしたことでないことを印象づけようとしている。

■ USEFUL EXPRESSIONS

☐ In my 12 years of grade school and high school, **I haven't come across anything that** persuaded or influenced me in a negative way. 「私の小学校と中学・高校における12年間の経験のうちで、悪影響を及ぼしたものにはお目にかかっていない」。come across とは自分から探して見つけたというのではなく、まさしく「出くわす」という意味。

☐ **There are a lot of other things to worry about.** 「考えなければいけないことはほかにもたくさんある」。日常生活でもよく使う英文。小言を言うときなどは、"You must have a lot of other things to worry about." と言う。

■ NOTES

☐ **adult books**　好色本

TRANSLATION

　学校には12年間通っているけど、その間にマイナスに影響されるようなものにはお目にかかったことがないわ。学校でアダルトブックを採用するべきではないと思うけれど、ある年齢層に適したものなら、なんであれいいと思うわ。心配なことって、ほかにたくさんあるじゃない。

Chapter 15

VOICE 6

As long as books **are not** pornographic or **biased toward one idea,** I don't think they can be harmful. **It's always good to give all the options, and let people pick out what they think.** If everything is being censored, then **why bother to** go to school since you learn only what somebody else wants you to learn?

Greg, 31
Operations supervisor
Oklahoma City, Okla.

■ STRATEGY
ポルノ物やひとつの考えに偏っていなければという条件付きながら、論題を正面から否定している。

■ USEFUL EXPRESSIONS

☐ As long as books **are not** pornographic or **biased toward one idea,** I don't think they can be harmful. 「ポルノ物あるいはひとつの考えに偏った(偏見のある)本でなければ、有害にはなりえないと思う」。

☐ **It's always good to give all the options, and let people pick out what they think.** 「あらゆるオプション(可能性)を提示して、自分の考えで選ばせるのがよいに決まっている」。

☐ If everything is being censored, then **why bother to** go to school since you learn only what somebody else wants you to learn? 「すべて検閲されるのであれば、どこかのだれかが学習してほしいと考えていることだけを学ぶことになる。なぜわざわざ学校へ行く必要があるだろうか」。why の反語的使用法も身につけたい。

■ NOTES

☐ **pornographic** ポルノの

TRANSLATION
ポルノやひとつの思想に偏るものでないかぎりは、害のある本だとは思わないね。常にあるゆる選択肢を与え、自分の考えで選ばせるのがいい。すべてが検閲されているとしたら、だれかが習わせたいと思うものだけを習うことになるから、わざわざ学校へ行っても仕方ないんじゃないかな。

TEXTBOOK

Do you think textbooks can

(教科書は子供たちに害をもたらすこともありえると思いますか)

□ もちろんだ。年齢によっては子供は本によって考えが左右されることは十分にある。

□ 間違った取られ方をされれば、害になりうる。

□ みんなが神聖な良書とみなしている本でも毒になる使い方はあるだろう。

□ わたしが育児に忙しかったころは、今の子供たちが幼いころから目にしているこうしたセックス関連の本はなかった。今はその手のものが多すぎる。

□ Sure. Depending on their age, children certainly can be swayed by books.

□ Taken in the wrong context, they could be harmful.

□ Any books, even those that we deem holy and good, could be used in a detrimental manner.

□ When I was raising my kids, there wasn't all of this sex stuff that children today are exposed to from the time they're little. There is too much of that.

Chapter 15

harm children?

- □ 担当の教師が正しく使えば問題はない。
- □ 教師たちは、全般的に、社会の意向を反映させようと努力している。
- □ 本の検閲を強く求める意見も個々にはあるが、それらは社会全体の考えを反映しているとは思えない。

- □ 子供たちが何を読むかよりも子供たちに読書をさせること、それを目指すべきだ。

- □ わたしの小・中・高等学校での12年間の経験の中で、マイナスの影響を及ぼしたものにお目にかかったことはない。

- □ ポルノ物あるいは偏見にこり固まった本でなければ害にはなりえないと思う。

- □ 心配しなければいけないことはほかにもたくさんある。

- □ Not if used appropriately by classroom instructors.
- □ Teachers, as a whole, really try to reflect what society wants.
- □ There are some individually strong feelings about book censorship, but I don't think they represent what the majority of society thinks.
- □ Convincing children to read, period, is what we should be looking at, rather than what they read.
- □ In my 12 years of grade school and high school, I haven't come across anything that persuaded or influenced me in a negative way.
- □ As long as books are not pornographic or biased toward one idea, I don't think they can be harmful.
- □ There are a lot of other things to worry about.

CORRUPTION
Chapter 16

Do you think money is corrupting the political process?
(お金が政治のプロセスを腐敗させていると思いますか)

■ BACKGROUND

連邦議会の上院・下院議員選挙には膨大な資金が必要とされる。その額も年々急増している。*Congressional Quarterly* によれば上院(Senate)の場合、1974年には平均44万ドルほどであった選挙資金が88年には280万ドルと、6倍以上に膨らんでいる。下院(House)の場合は、5万4000ドル(1974年)が27万ドルに増えている。これらはあくまで平均であり、選挙区が大きな州ではさらに多くの資金が使われている。例えば、人口500万人程度のミズーリ州の上院選挙では立候補者ひとり当たり700万ドル(日本円で約8億円)が使われている。このうち4分の3以上は州外から集められている。このため議員と利益団体との癒着が問題になったり、議員が政治家としての活動よりも再選のための資金集めに奔走することが日課になってしまっていることなどが問題視されたりしている。

■ KEY WORDS

□ **Political Action Committees**　　政治活動委員会

連邦議会の現職議員および候補者に選挙運動資金の寄付を行う民間組織。略称 PACs。有力な議員および候補者を資金援助する代わりに自分らの政治目的実現のための圧力をかける利益団体であることが多い。1970年代以降、企業や組合などの選挙活動・政治献金に対する規制を強化したことにより、この種の委員会が増えた。しかし、政治の腐敗を招いている主な原因のひとつとして廃止を訴える動きが本格化している。

□ **public campaign funding**　　公共選挙資金

国民から徴収した税金(taxpayer money)を各候補者の選挙資金の一

部に使用する補助金のことで、民主党議員(Democrats)が中心となって立法化に動いている。日本では、故片山哲首相や故市川房枝参議院議員などが中心となって選挙の公営化(public management of elections)を訴え、何度かの公職選挙法の改正により公営化の度合いを強めたが、まだ全面公営にはなっていない。

■ RELATED WORDS & PHRASES

- 選挙資金改正　campaign-finance reform(s)
- 選挙資金集め　campaign fund-raising
- 選挙のプロセス　electoral process
- 選挙制度　election system
- 寄付金　contributions
- 利益団体　a special interest
- 現職議員　an incumbent
- 再選　re-election
- 衆議院　the House of Representatives; the Lower House
- 参議院　the House of Councillors; the Upper House

What do you think?

- Do you think that it costs too much money to run for the Congress/Diet?（国会議員に立候補するのに資金がかかりすぎると思うか）
- Do you think that the majority of people in politics are dishonest?（政治家の大半は正直でないと思うか）
- Do you think that money corrupts honest politicians?（誠実な政治家もカネに負けると思うか）
- Do you think that it is a good idea to use taxpayer money for political campaigns?（選挙運動に税金を使うのはよい考えだと思うか）

CORRUPTION

VOICE 1

No. **I don't buy that. That's just a gimmick** that people use when they get caught. If a person is already corrupt, money has nothing to do with it. **You are what you want to be.** On the whole, we have a good government, and without the political process structured the way it is, where would we be?

Annie, 45
Housing interviewer
Stamford, Conn.

■ STRATEGY

正面きって論題に対して no と言っている。逮捕されたときによく使われる「でまかせ」にすぎないとしている。

■ USEFUL EXPRESSIONS

☐ **I don't buy that.** 「それには同意しかねる」。to buy は to accept と同じ意味で使われている。

☐ **That's just a gimmick** that people use when they get caught. 「逮捕されたときにみんなが使うでまかせにすぎない」。かなりきつい表現。

☐ **You are what you want to be.** 「自業自得だ」。今のあなたは自分で望んだ姿である、というのが文字通りの意味。文脈によってはケンカを売っているように聞こえるので要注意。

■ NOTES

☐ **a gimmick** でたらめ、からくり
☐ **to corrupt** 腐敗させる、堕落させる
☐ **political process** 政治プロセス、政治の仕組み

TRANSLATION

ノー。そういう考えに賛成できないわ。それは、人が捕まったときに言うこじつけだわ。その人物がすでに腐敗していたとしたら、お金はそれとは全然関係ないもの。自業自得よ。全体としては、アメリカの政府は良い政府よ。それに今のような体系化された政治の仕組みがなかったら、この国はどうなっているのかしら？

Chapter 16

VOICE 2

For the most part, yes. A lot of the national campaigns have come down to sound bites, all of which cost money. There are candidates who aren't well connected, so they can't raise the money necessary to launch an adequate campaign. **It has definitely skewed the way** Americans look at politics today.

George, 25
Graduate student
Syracuse, N.Y.

■ STRATEGY

アメリカの選挙はお金がかかりすぎると指摘し、論題をおおむね支持している。

■ USEFUL EXPRESSIONS

☐ **For the most part, yes.** 「大体において賛成だ」。8-9割り賛成、といったところ。

☐ **It has definitely skewed the way** Americans look at politics today. 「今日のアメリカ人の政治に対する考え方を間違いなくゆがめてしまった」。to skew は「ゆがめる」という意味。

■ NOTES

☐ **sound bites**　（選挙用）ひと言メッセージ
☐ **candidates**　候補者たち
☐ **to be well connected**　コネがある
☐ **to launch**　始める

TRANSLATION

　大方イエス。国政選挙のキャンペーンの多くはつまるところ、テレビ・ラジオ用のひと言メッセージになりはて、それらすべてにお金がかかるわけです。強いコネのない候補者たちは、十分な選挙戦を始めるのに必要な資金を調達できないんですよ。そうしたことが今日のアメリカ人の政治に対する見方を非常にゆがめてますね。

CORRUPTION

VOICE 3

Money doesn't corrupt honest politicians. I would think that their ideals and standards are high enough that money **would not have much influence. We like to find the bad in people** — and we certainly have plenty of examples. But I still **look for the good.** I don't think most members of Congress are corrupt.

Virg, 52
Executive secretary
Dewitt, Iowa

■ STRATEGY
正直者にはお金は悪影響を及ぼさないとし、楽観論を展開している。

■ USEFUL EXPRESSIONS
☐ I would think that their ideals and standards are high enough that money **would not have much influence.**「その人たちの理想や基準が高く、お金は影響力を持たないであろうと考えている」。

☐ **We like to find the bad in people.**「わたしたちは他人のあら探しが好きだ」。他人の悪い点を批判している人に対するコメントとして有効。

☐ I still **look for the good.**「よい点を探すようにしている」。アドバイスするときなどには、You should look for the good. という英文が使える。

■ NOTES
☐ **standards** 基準
☐ **ideals** 理想
☐ **members of Congress** 議員たち

TRANSLATION
　誠実な政治家たちは、お金で腐敗したりはしません。理想や基準が高い政治家たちは、さほどお金に影響されるものではないと思います。みんな、人の欠点を見つけるのが好きですし、確かにそういう例もたくさんありました。けれど、わたしは今でも、長所を探すようにしています。それに、連邦議会議員の大半は腐敗していないと思います。

Chapter 16

VOICE 4

I wouldn't go that far and say money is corrupting the political process. But **I'm sure it must be doing some harm.** There are people who have been bought off, but **that's the minority.** The majority of people in politics are honest, and if they're not, especially where I live, they won't be in office very long.

John, 68
County commissioner
Hay, Wash.

■ STRATEGY
ある程度の害悪は認めたものの、全般的には政治家はそれほど悪くないと主張。もしそうでない場合でも、長いこと政治家として活躍できないとし、二段構えの議論を展開している。

■ USEFUL EXPRESSIONS
- **I wouldn't go that far.**「そこまでは言わない」。完全に同意しているわけではないことを表明するときに役立つ表現。
- **I'm sure it must be doing some harm.**「何らかの害をもたらしているに違いないと確信している」。I'm sure は「きっと~だ」と確信を持って言うときの表現。
- There are people who have been bought off, but **that's the minority.**「買収された人たちもいるだろうが、それは少数だ」。問題がそれほど重大でないことを主張するときに役立つ表現。

■ NOTES
- **minority** 少数
- **majority** 多数
- **to be in office** 在職する

TRANSLATION
金が政治の仕組みを腐敗させているとまでは言い切れない。けれど、金が何らかの弊害を及ぼしているに違いないとは思うよ。中には買収される人たちもいるが、そういうのは少数だね。政治家のほとんどは誠実な人たちだ。そうでなかったら、特にわたしの地元では、長くは在職できないね。

CORRUPTION

VOICE 5

I think so. Influential people who donate big sums of money to political campaigns **expect** legislation **to** be passed **on their behalf.** They expect politicians to be bought off. **I have no idea how to make** the process **less** corrupt, because you can't stop people from donating money if they want.

James, 46
Business owner
Farmville, Va.

■ STRATEGY
買収にまつわる「お金の論理」を説き、原因も取り除けないほどお先まっ暗という悲観論を展開。

■ USEFUL EXPRESSIONS
☐ Influential people who donate big sums of money to political campaigns **expect** legislation **to** be passed **on their behalf.** 「政治運動に多額の寄付をしている有力者たちは、自分たちの利益となる法案が可決されることを期待している」。十分な根拠があって物事を予期するときに to expect ... to の表現を使う。

☐ **I have no idea how to make** the process **less** corrupt. 「(政治)プロセスをどのようにして浄化したらよいかわからない」。減らす方法がわからないときに使う表現。

■ NOTES
☐ **to donate**　寄付する
☐ **legislation**　法律

TRANSLATION
　その通りだと思うね。政治運動の多額の寄付をする有力者たちは、自分たちの利益となる法が可決されることを期待している。それに、彼らは政治家たちを買収できると思っている。どうすれば政治の仕組みの腐敗を少なくできるのか、わたしにはわからないね。というのも、寄付したがる人をとめることはできないからね。

Chapter 16

VOICE 6

As a whole, most politicians are truly dedicated to **doing what they're supposed to do. To lump them all together would be wrong.** But in some instances, when politicians do get financing from special-interest groups, **they feel they have a debt to repay** and pass legislation geared toward those groups.

Pat, 49
Saleswoman
Portland, Texas

■ STRATEGY
ほとんどの政治家は問題ないと言っているものの、後半でお金の影響力について具体的に述べているので、全体的なインパクトがなくなっている。

■ USEFUL EXPRESSIONS
☐ As a whole, most politicians are truly dedicated to **doing what they're supposed to do.**「全体的には、ほとんどの政治家はやるべきことを本当に献身的にやっている」。任務を果たすという意味合いの表現。

☐ **To lump them all together would be wrong.**「十羽一からげにするのは間違いであろう」。to lump them (all) together は暗記しておくと便利。

☐ **They feel they have a debt to repay.**「借りがあると感じる」。恩義に報いなければならないと感じる、といった意見。

■ NOTES
☐ **special-interest groups** 特殊利益団体
☐ **a debt** 恩義、借金

TRANSLATION
全体を考えれば、ほとんどの政治家たちは自分たちのするべきことに打ち込んでいるわ。政治家はみんな同じだと思うのは間違いよね。でも、政治家たちが特定の利益団体から資金を得ている場合、その負い目で見返りをしなければという気持ちになって、そうした団体に有利な法を通過させることはあるはずよ。

CORRUPTION

Do you think money is corrupting
(お金が政治のプロセスを腐敗させていると思いますか)

☐ 大体において賛成だ。
☐ 全国的な選挙戦の多くはテレビやラジオのためのひと言メッセージになりはて、それらすべてにカネがかかる。
☐ 強いコネを持たない候補者は、十分な選挙戦を行うのに必要な資金を調達できない。

☐ 何らかの害を及ぼしているに違いないと確信している。
☐ そう思う。政治運動に多額の寄付をしている有力者たちは、自分らの利益となる法案が可決されることを期待している。彼らは政治家を買収できると思っている。
☐ 特定の利益団体から資金を得た場合、政治家は借りがあるような気になってそうした団体に有利な法を通過させることも、時にはある。

☐ For the most part, yes.
☐ A lot of the national campaigns have come down to sound bites, all of which cost money.
☐ There are candidates who aren't well connected, so they can't raise the money necessary to launch an adequate campaign.

☐ I'm sure it must be doing some harm.
☐ I think so. Influential people who donate big sums of money to political campaigns expect legislation to be passed on their behalf. They expect politicians to be bought off.
☐ In some instances, when politicians do get financing from special-interest groups, they feel they have a debt to repay and pass legislation geared toward those groups.

Chapter 16

the political process?

- □ いいえ。それには同意しかねる。
- □ ある人がすでに倫理感を失っているとしたら、それはお金とは全然関係がない。
- □ 全体として、われわれの政府はいい政府だし、現行の政治の仕組みがなかったらこの国はどうなっているだろう。
- □ 誠実な政治家はカネに負けたりしない。彼らの理想や基準が高くて、カネはたいした影響力を持たないだろうと考えている。
- □ 買収された人たちもいるだろうが、それは少数だ。
- □ 政治家の大半は誠実な人たちだ。そうでなかったら、特にわたしの地元では、政治生命は長くないだろう。
- □ 全体的には、ほとんどの政治家はやるべきことを本当に献身的にやっている。十羽一からげにするのは間違いだろう。

- □ No, I don't buy that.
- □ If a person is already corrupt, money has nothing to do with it.
- □ On the whole, we have a good government, and without the political process structured the way it is, where would we be?
- □ Money doesn't corrupt honest politicians. I would think that their ideals and standards are high enough that money would not have much influence.
- □ There are people who have been bought off, but that's the minority.
- □ The majority of people in politics are honest, and if they're not, especially where I live, they won't be in office very long.
- □ As a whole, most politicians are truly dedicated to doing what they're supposed to do. To lump them all together would be wrong.

HIGHER TAXES

Chapter 17

Are higher taxes the answer for reducing the federal deficit?

(増税が連邦政府の赤字削減の答えになりうるでしょうか)

■ BACKGROUND

アメリカ政府は1991会計年度(1990年10月—1991年9月)の赤字目標を640億円と設定したが、景気停滞、高金利、高物価のトリプルパンチに加え、貯蓄貸付組合(S&L)の救済支出などがあり、目標を達成することは到底難しい状況に追い込まれた。そこでブッシュ政権は議会との予算折衝において増税もありうるとの姿勢を打ち出した。増税をしないと公言してきたブッシュ大統領に対して一時風当たりが強まったが、背に腹は代えられないといったところである。90年5月に行われた世論調査では55％の有権者が増税もやむなしと回答している。今後在日米軍の費用肩代わりなど日本に対する財政面での要求が増すものと見られる。

■ KEY WORDS

□ **campaign pledge**　選挙公約

1988年の大統領選挙においてブッシュは増税しないことを選挙公約のひとつとして当選を果たした。その当時から、専門家の間ではこの公約について疑問視する声が多かった。しかし、ブッシュは選挙演説の中で"Read my lips: No new taxes."(私が何と言っているかわかりますか。増税はしません)と叫び、選挙民の支持を得た。

□ **twin deficits**　双子の赤字

レーガン前大統領は8年間の任期中にレーガノミックス(Reaganomics)に基づき、歳出削減、減税、規制緩和、マネーサプライ抑制を4本柱とし、スタグフレーションの解消に取り組んだ。その結果、インフレの鎮圧と景気回復にはある程度成功した。しかし、レーガンが描いたプロセスどおりには展開せず、貿易赤字(trade deficit)と

財政赤字(budget deficit)というふたつの赤字を悪化させた。ちなみに1989年度の貿易赤字は1059億ドル、財政赤字は1520億ドル。

■ RELATED WORDS & PHRASES

- ☐ 景気停滞　a sluggish economy
- ☐ 不況　recession; depression
- ☐ インフレーション　inflation
- ☐ スタグフレーション　stagflation
- ☐ 物価　price
- ☐ 利率　an interest rate
- ☐ 歳出削減　spending cuts
- ☐ 重税負担　a heavy tax burden
- ☐ 防衛予算　defense budget
- ☐ 日本たたき　Japan-bashing
- ☐ 日米構造協議　Structural Impediments Initiative (SII)

What do you think?

- Do you think that politicians should keep their campaign promises?（政治家は公約を守るべきだと思うか）
- Do you think that the U.S. should reduce its defense budget?（アメリカの防衛予算を削減するべきだと思うか）
- Do you think that we should spend more money for the U.S. troops stationed in Japan?（在日米軍の費用をもっと持つべきだと思うか）
- Do you think that Japan should reform its tax system?（日本は税制を改正するべきだと思うか）

HIGHER TAXES

VOICE 1

Absolutely and emphatically, no. The answer to our country's economic woes lies in cutting government spending and not raising taxes. I have carefully read the Grace report, and I find it invaluable in ridding us of wasteful government expenditures. No new taxes; less government spending.

Michael, 36
Business owner
Los Angeles, Calif.

■ STRATEGY
単に no と言うだけでなく、政府支出の削減という代案を示している。

■ USEFUL EXPRESSIONS
□ **Absolutely and emphatically, no.** 「絶対に断固として、ノー」。かなり強い響きを持つ表現である。

□ **The answer to** our country's economic woes **lies in** cutting government spending and not raising taxes. 「わが国の経済の諸問題に対する答えは、政府支出の削減であり増税ではない。」解決策を述べるときに役立つ。

□ **I find it invaluable in** ridding us of wasteful government expenditures. 「無駄な政府支出をなくすことが何にもまして大切だと思う」。I find it ...の構文は応用範囲が広い。

□ **No** new taxes; **less** government spending. 「新税反対・政府支出の削減を」。No new taxes. という、ブッシュが大統領選でかかげたスローガンを使った効果的な表現。

■ NOTES
□ **woes** 災難、問題

TRANSLATION
断然ノー。アメリカの経済破綻の解決策は政府の支出を減らすことであって、税を引き上げることではないね。グレース報告をよく読んでみて、わが国から政府の無駄使いをなくすことが極めて大切なことだと気づいたね。増税せずに、政府の支出を減らすべき。

Chapter 17

VOICE 2

Raising taxes is one of the necessities. President Bush and Ronald Reagan **should get their heads out of the sand** and **face up to** what they've done to this country in the last 10 years. **If you give me permission to** write $2.5 billion worth of bad checks every month, I can make everyone in America feel good.

Bud, 67
Sports marketing exec.
Carmel, Ind.

■ STRATEGY

増税はいたしかたないことなのでブッシュ大統領らも臆せずに事にあたれとけしかけている。

■ USEFUL EXPRESSIONS

☐ President Bush and Ronald Reagan **should get their heads out of the sand** and **face up to** what they've done to this country in the last 10 years. 「ブッシュ大統領とロナルド・レーガンは現実を直視して、過去10年間にこの国に対して行ってきたことに臆せず立ち向かうべきである」。to bury one's head in the sand は「現実に目をつぶる」という意味。

☐ **If you give me permission to** write $2.5 billion worth of bad checks every month, I can make everyone in America feel good. 「もしわたしに毎月25億ドル相当の不渡り小切手を切らしてくれたら、アメリカ中の人たちを幸せにできる」。仮定の話を持ち出す表現。

■ NOTES

☐ **necessities** 必要不可欠なもの
☐ **bad checks** 不渡り小切手

TRANSLATION

　増税は必要なもののひとつだ。ブッシュ大統領もロナルド・レーガンも逃げをやめて、自分たちがこの10年間にこの国に対して行ってきたことを直視すべきだ。25億ドル相当の不渡り小切手を毎月切っていいというのなら、わしだってアメリカ中の人間を幸福にできるね。

HIGHER TAXES

VOICE 3

No, I don't think so. I really think that spending cuts are important, as well as **placing tighter controls on** governmental organizations. In the Northeast, we have fairly high property taxes that help pay for local services. **It makes us very aware of** the impact any more federal taxes would have on our lives.

Brenda, 45
Commission chairman
Freedom, N.H.

■ STRATEGY
支出削減と政府団体の締めつけという代替案を提示しながら、論題に対して否定の立場をとっている。

■ USEFUL EXPRESSIONS
☐ I really think that spending cuts are important, as well as **placing tighter controls on** governmental organizations. 「政府機関をもっと厳しく統制するとともに、支出を削減することが重要だと確信している」。管理や規制を強めるときに使える。

☐ **It makes us very aware of** the impact any more federal taxes would have on our lives. 「(そういった経験によって)連邦税の引き上げがわれわれの生活にもたらす影響について、痛いほどわかる」。自明の理ということ。

■ NOTES
☐ **spending cuts** 支出削減
☐ **the Northeast** 北東地方(ニューイングランド地方)
☐ **property taxes** 財産税
☐ **federal taxes** 連邦税

TRANSLATION
ノー。そうは思いません。政府機関をもっと厳しく統制するとともに、支出を抑えることが重要だと思います。北東部に住むわたしたちは、かなり高額な財産税を納めています。これらは地方行政に使われています。だからわたしたちは、これ以上の連邦税の引き上げがわたしたちの生活にどのような影響をもたらすか十分認識しています。

Chapter 17

VOICE 4

I'm afraid they are. We have to reduce the deficit, and we have to get the revenue from someplace. We're either going to call it taxes or something else, **but it's going to amount to the same thing. We have to adopt a pay-as-you-go plan.** We can't keep putting things off for younger generations.

Charles, *59*
School principal
Laramie, Wyo.

■ STRATEGY
消極的ではあるが、論題を擁護する立場をとっている。

■ USEFUL EXPRESSIONS
- **I'm afraid they are.**　「残念ながらそうである」。ここでは higher taxes を受けているので they are となっている。
- **. . . , but it's going to amount to the same thing.**　「…だが、それは同じことを意味することになる」。to amount to は「結局～になる」で否定的な内容のときに使う。
- **We have to adopt a pay-as-you-go plan.**　「現金(即金)払い方式を採用しなければならない」。to pay as you go とは「現金(即金)で払う」という意味。

■ NOTES
- **deficit**　赤字
- **revenue**　収入
- **pay-as-you-go**　現金払い(方式)の、源泉課税(方式)の
- **younger generations**　これからの世代

TRANSLATION
残念ながら、その通りだ。わが国は赤字を減らす必要があり、どこからか財源を得なければならない。それを税と呼ぼうがほかの名で呼ぼうが、結局は同じことになる。わが国は「現金払い方式」を採用する必要がある。若い世代のためにも事態を放ったままにしておくわけにはいかない。

HIGHER TAXES

VOICE 5

I don't think raising taxes is the answer. If taxes are raised, Congress will just spend the money. We pay enough in taxes as it is, and I don't want to see them go up again. President Bush should remember what he said when he was trying to get in office. No new taxes was one of the reasons he was elected.

Melba, 48
Homemaker
Saginaw, Mich.

■ STRATEGY

これ以上の増税はゴメンだと力強く主張。特にブッシュ大統領の公約にふれ、イヤ味で締めくくっている。

■ USEFUL EXPRESSIONS

☐ **I don't think** raising taxes **is the answer.** 「増税が答えとは思わない」。相手が提示した解決案などに否定的な返答をするときに有効。

☐ President Bush **should remember what he said when** he was trying to get in office. 「ブッシュ大統領は選挙戦で自分の言ったことを思い出してほしい」。「前言を覆すな」と言いたいときに役立つ。

■ NOTES

☐ **to raise taxes** 増税する

TRANSLATION

増税が解決策になるとは思わないわね。税金が上がっても、政府がお金を使うことになるだけだわ。今だって十分に税金払っているじゃないの。また上がるなんていやだわ。ブッシュ大統領は、立候補したときに言ったことを思い出すべきじゃないかしら。あの人が当選した理由のひとつは、新たな税は作らないっていうことだったわ。

Chapter 17

VOICE 6

I want our country to grow, and if raising taxes is the only way that can be done, **I would vote for it.** But **the tax structure should be more equal than** what it is. I don't mind paying my fair share, but it's unfair that the middle class **ends up** pay**ing** the most taxes while big businesses hardly pay any.

Phyllis. 42
Asst. branch manager
Baton Rouge, La.

■ STRATEGY

増税しか方法がないのならばその政策を支持する、と言っているものの、現在の税負担の不公平さについて苦言を呈しているため、この人の立場は必ずしもはっきりしない。

■ USEFUL EXPRESSIONS

□ I want our country to grow, and if raising taxes is the only way that can be done, **I would vote for it.** 「わが国の(経済的)成長を望んでいるし、もし増税がそれをなしえる唯一の手段であれば、それに賛成(投票)するだろう」。to vote for の反対は to vote against.

□ The tax structure **should be more equal than** what it is. 「税制は現状よりも平等であるべきだ」。what it is をマスターすると便利。

□ It's unfair that the middle class **ends up** pay**ing** the most taxes while big businesses hardly pay any. 「大企業がほとんど納めていない一方で、中流層が結局ほとんどの税金を負担しているのは不公平である」。to end up は「結果として~になる」ということ。

■ NOTES

□ **big businesses** 大企業

TRANSLATION

わたしはこの国に成長してほしいと思っていますから、その手段が増税だけだって言うのでしたら、それに賛成します。けれども、税制は今より平等なものにすべきです。わたしは自分の公平な割り当てを支払うことはかまいませんが、大企業がほとんど支払わずに、中流層の人たちが税の大部分を負担することになるのは不公平です。

HIGHER TAXES

Are higher taxes the answer for

(増税が連邦政府の赤字削減の答えになりうるでしょうか)

☐ 増税は必要不可欠なもののひとつである。
☐ 残念ながらそうである。
☐ 赤字は減らさなくてはいけないし、歳入はどこからか得なくてはいけない。
☐ 解決を先送りし続けて若い世代に残すわけにはいかない。
☐ わたしはわが国の成長を望んでいる。もし増税がそれをなしうる唯一の手段というなら、それに賛成するだろう。

☐ Raising taxes is one of the necessities.
☐ I'm afraid they are.
☐ We have to reduce the deficit, and we have to get the revenue from someplace.
☐ We can't keep putting things off for younger generations.
☐ I want our country to grow, and if raising taxes is the only way that can be done, I would vote for it.

Yes

Chapter 17

reducing the federal deficit?

☐ 絶対に断固として、ノー。

☐ わが国の経済の諸問題に対する答えは、政府支出の削減であり、増税ではない。

☐ 無駄な政府支出をなくすことが何にもまして大切だと思う。新税反対、歳出の削減を。

☐ いや、そうは思わない。政府機関をもっと厳しく統制するとともに、支出を削減することが重要だと確信している。

☐ 増税が答えだとは思わない。

☐ 税金が上がれば、議会がそれを使ってしまうだけだ。

☐ 今のままでも税金は十分に払っているから、また上がるのは願い下げにしたい。

☐ Absolutely and emphatically, no.

☐ The answer to our country's economic woes lies in cutting government spending and not raising taxes.

☐ I find it invaluable in ridding us of wasteful government expenditure. No new taxes; less government spending.

☐ No, I don't think so. I really think that spending cuts are important, as well as placing tighter controls on governmental organizations.

☐ I don't think raising taxes is the answer.

☐ If taxes are raised, Congress will just spend the money.

☐ We pay enough in taxes as it is, and I don't want to see them go up again.

No

GUN CONTROL
Chapter 18

Do you think we need tougher gun control laws?
（銃砲規制に関する法律をより厳しくすべきだと思いますか）

■ BACKGROUND

1986年に施行された銃砲規制法(Gun Control Act)により、ピストル(handgun)は21歳以上、ライフルなどの銃口の長いもの(long gun)は18歳以上でないと購入できない。そして、凶悪犯罪歴がなく精神異常者でないことやその他のいくつかの質問に書面で答えて署名すると、基準年齢さえ超えていれば基本的にはだれでもその場で銃を購入できる。自己申告制なので、凶悪犯罪歴がある者や精神異常者が銃を購入して殺人事件を起こす例があとを絶たない。しかし、アメリカでは連邦憲法により銃砲を保持することは基本的に認められていることもあり、銃砲規制に反対するグループの活動もいまだに活発である。

■ KEY WORDS

☐ **gun lobbyist**　　銃砲ロビイスト

銃砲規制に反対して院外活動をする人たちのこと。主な圧力団体は全米ライフル協会(The National Rifle Association)、銃砲保持の権利を守る市民委員会(The Citizens Committee for the Right to Keep and Bear Arms)、連邦憲法修正2条財団(The Second Amendment Foundation)。
1791年に施行された連邦憲法修正2条において武器を保持することの自由が保障されていることをよりどころにし、かつまた現在の犯罪取り締まりおよび現在の刑法の体系では悪人が銃を入手するのを防ぐことはできず、一般市民が自らを守る上でも銃は必要であるとしている。

☐ **waiting period**　　待機期間

所定の書類に必要事項を書き込み、年齢の証明ができれば、ほとん

どの地域でその場で銃砲を購入して持ち帰ることができるのが現状である。フロリダ州では、殺人による逮捕歴のある男が1990年に銃を自ら購入した上に次々に計10人もの人を射殺した事件を契機に、鉄砲購入の際に購入希望者の前科などをコンピュータの記録と照らし合わせることになった。またその場で銃砲を持ち帰れるのではなく、3日間の猶予を置くことも検討されている。この期間のことをwaiting periodという。

■ RELATED WORDS & PHRASES

- □銃　a gun
- □短銃　a handgun; a pistol
- □自動小銃　an automatic rifle
- □散弾銃　a shotgun
- □犯罪歴　a criminal record
- □重罪犯人　a felon
- □許可証　a permit
- □殺人　murder; homicide
- □大虐殺　a massacre

What do you think?

- Do you think that Japan is a safe country?（日本は安全な国だと思うか）
- Do you think that the Japanese *yakuza* groups have more guns now than they had 10 years ago?（日本の組織暴力団は10年前と比べずっと多くの銃を持っていると思うか）
- Do you think that the Japanese police should use guns more often in handling crimes?（日本の警察は犯罪に対してもっと銃を使うべきだと思うか）
- Do you think that Americans need tighter gun control laws?（アメリカ人にはもっと厳しい銃砲規制法が必要だと思うか）

GUN CONTROL

VOICE 1

No. **The laws are in place,** it's the enforcement that needs to be controlled. The Second Amendment **gives us the right to** bear arms, but it needs to be controlled. I don't know about the gun laws in Ohio—I do know there is a waiting period. I think there should be a 30-day waiting period to buy a gun.

Nancy, 35
Director, hotel sales
Toledo, Ohio

■ STRATEGY

必要なのは法改正ではなく、執行を管理することであると言っている。後半部分は知識の不確かさだけを浮きぼりにしており逆効果であった。

■ USEFUL EXPRESSIONS

☐ **The laws are in place.** 「必要な法律は存在している」。in place とは「あるべきところに」「きちんとした」という意味。

☐ The Second Amendment **gives us the right to** bear arms. 「憲法修正第2条で国民に武器を所有する権利が与えられている」。

■ NOTES

☐ **enforcement** 執行、強制
☐ **the Amendment** 修正個条
☐ **a waiting period** 待機期間

TRANSLATION

ノー。法律はちゃんとしているわ。なんとかしなければいけないのは、執行(取り締まり)のほうよ。憲法修正第2条で国民に武器を所有する権利が与えられているけれど、武器の所有は規制する必要があるわね。オハイオ州の銃器法については知らないけれど、待機期間があるのは知っているわ。銃を買うには30日の待機期間があったと思うけど。

Chapter 18

VOICE 2

Yes. **We really have to do something about** the proliferation of handguns and automatic weapons in this country. **We need the toughest** gun-control **laws.** I'm not a member of the NRA and will not join them for that reason. If they're sincere about people owning handguns, they should be advocates of the toughest laws.

Bill, 63
Retired sales manager
Nashville, Tenn.

■ STRATEGY

銃の拡散化に対して激しい怒りを感じている様子がうかがえる。NRA(全米ライフル協会)をも批判している。

■ USEFUL EXPRESSIONS

☐ **We really have to do something about** the proliferation of handguns and automatic weapons in this country. 「この国におけるピストルと自動小銃の拡散に対して、本当に何か手を打たなければいけない」。行動を促すときに便利な表現。

☐ **We need the toughest** gun-control **laws.** 「最も厳しい銃器規制法が必要である」。

■ NOTES

☐ **proliferation** 拡散
☐ **handguns** ピストル
☐ **automatic weapons** 自動小銃
☐ **advocates** 提唱主張する人たち

TRANSLATION

イエス。わが国でピストルや自動小銃がまんえんしていることに対して、本当に何か手を打つ必要がある。われわれには厳しすぎるほどの銃器規制法が必要だ。わたしは全米ライフル協会の会員ではないし、今述べたような理由から今後も協会に加わるつもりはない。ライフル協会のメンバーが一般人のピストル所有について真剣に考えているのなら、最も厳しい法律を提唱すべきだ。

GUN CONTROL

VOICE 3

For the most part, the laws need more enforcement rather than to be made tougher. The laws are pretty strict already **in that** you have to get a license, and a background check is done. I do think there should be a uniform waiting period to buy guns, but **I don't think it should be a national law.**

Lucille, 46
Medical secretary
Holliston, Mass.

■ STRATEGY
法律は今でも十分に厳しいとの立場をとっていて、法の執行の強化が必要であると主張。

■ USEUFUL EXPRESSIONS
□ The laws are pretty strict already **in that** you have to get a license, and a background ckeck is done.「法律はすでに十分に厳しい。というのも免許は取らなければいけないし、素行調査も行われるのだから」。根拠を説明するのに in that が有効。

□ **I don't think it should be a national law.**「国レベルの法律にすべきだとは思わない」。

■ NOTES
□ **a background check** 背景(素行)調査
□ **uniform** 統一された、一律の

TRANSLATION
大体において、法律を厳しくするよりも、取り締まりをより強化する必要があるわ。規制法はもうすでにかなり厳しいものだわ。ライセンスを取らなくちゃならないし、素行チェックもされるんですものね。わたしは銃を買うときに一律の待機期間をおくべきだと思うわ。でも、それは国の法律にすべきではないわね。

Chapter 18

VOICE 4

Oh yeah, we do. **There has to be much more** cautious gun-control laws. I just read a column that listed the number of people who carry gun permits, and **the number is way too many.** If one person with a mental illness **or whatever** can get a license for a gun, **there's a risk for** everybody.

Tom, 19
Student
New York, N.Y.

■ STRATEGY

銃の保持を許可されている人があまりに多すぎると、まず主張し、その上で精神病などの人が銃を手に入れたときの危険性を訴えている。

■ USEFUL EXPRESSIONS

- **There has to be much more** cautious gun-control laws. 「もっと慎重を期した銃器規制法が必要である」。
- **The number is way too many.** 「その数はあまりに多すぎる」。way は意味を強めるために使われる副詞。
- If one person with a mental illness **or whatever** can get a license for a gun, **there's a risk for** everybody. 「もし精神病か何かの人がピストルのライセンスを取れたら、すべての人が危険にさらされるということだ」。or whatever とは「…とか何か」というニュアンスを付け加えるときに使う。

■ NOTES

- **gun permits** 銃器所持許可証
- **a mental illness** 精神病

TRANSLATION

そうだね、そうすべきだね。銃器規制法はもっと慎重なものである必要があるね。銃器所持許可証を持っている人の数が出ているコラムを読んだばかりだけど、所持者が多すぎるね。精神疾患か何かにかかっている人がピストルのライセンスを取れたとしたら、すべての人にとって危険なことだよね。

GUN CONTROL

VOICE 5

We need controls **just like we need** traffic lights and other controls, but **putting stricter** ones **in place won't solve the problem.** The problem is that people have more time on their hands, and they need to learn how to cope with their leisure time and stress. We need programs to keep them occupied.

Kennith, 51
County treasurer
Ogden, Utah

■ STRATEGY
法律を厳しくしたところで問題は解決しないと主張した上で、別の視点で解決法を探っている。

■ USEFUL EXPRESSIONS
☐ **We need** controls **just like we need** traffic lights and other controls.「交通信号などの規制が必要なように、(銃の)規制は必要である」。例えを上手に使うと説得力が増す。

☐ **Putting stricter** ones **in place won't solve the problem.**「より厳しいもの(法律)を制定しても問題解決にはならない」。won't solve the problem は解決策には効果がないことを訴える際の基本表現。

■ NOTES
☐ **to have time on one's hands** 時間をもてあます
☐ **leisure time** 余暇時間

TRANSLATION
銃器規制法は、交通信号やほかの規制と同じように必要なものだが、より厳しい法を制定しても、問題を解決することにはならない。問題は、人々に以前よりも多くの自由時間があるので、余暇やストレスとどう付き合うか学ぶ必要があるということだ。そういう時間を夢中ですごせるようなプログラムが必要だ。

Chapter 18

VOICE 6

I definitely feel we need tougher laws. If people don't have guns, they can't shoot. Many times, if a gun is not in the home, it's not accessible for use in times of anger. I'm not against guns—I believe in gun use for sportsmanship. But when everyone can get them, they can be used for the wrong things.

Sharon, 54
Business owner
Flushing, Mich.

■ STRATEGY
銃を持っていなければ使うこともない、というシンプルだが説得力のある論理を使って主張している。

■ USEFUL EXPRESSIONS
- □ **I definitely feel we need tougher** laws. 「もっと厳しい法律が絶対に必要だと思う」。definitely を使った強調表現。
- □ **If people don't have** guns, **they can't** shoot. 「銃を持っていなければ、撃つこともない」。
- □ **I'm not against** guns—**I believe in** gun use for sportsmanship. 「銃(そのもの)に対して反対ではない——スポーツのために銃を使用することはいいことだと思っている」。

■ NOTES
- □ **accessible** 入手できる、手が届く
- □ **in times of anger** 怒っているときは
- □ **sportsmanship** スポーツマンシップ

TRANSLATION
絶対にもっと厳しい法律が必要だと思います。銃を持たなければ、撃つこともないんですから。多くの場合、家に銃がなければ、かっとしても簡単に銃を使うことはできませんもの。わたしは銃そのものに反対しているわけではありません。スポーツとしての銃の使用はよいと思います。でもだれでも手に入れられるとなると、間違ったことに使われることもあるわけです。

GUN CONTROL

Do you think we need tougher

(銃砲規制に関する法律をより厳しくするべきだと思いますか)

- □ イエス。この国におけるピストルと自動小銃の拡散に対して本当に何か手を打たなければいけない。
- □ 最も厳しい銃器規制法が必要だ。
- □ もっと厳しい法律が絶対に必要だと思う。
- □ もっと慎重を期した銃器規制法が必要だ。
- □ 銃器所持許可証を持っている人の数が出ているコラムを読んだばかりだが、その数はあまりにも多すぎる。
- □ 精神病か何かの人がピストルのライセンスを取れたら、すべての人が危険にさらされるということだ。
- □ 銃を持っていなければ、撃つこともない。
- □ 多くの場合、銃が家になければ、かっとして銃を発射することはできない。
- □ だれにでも手に入れられるとなると、間違ったことに使われる場合もある。

- □ Yes. We really have to do something about the proliferation of handguns and automatic weapons in this country.
- □ We need the toughest gun-control laws.
- □ I definitely feel we need tougher laws.
- □ There has to be much more cautious gun-control laws.
- □ I just read a column that listed the number of people who carry gun permits, and the number is way too many.
- □ If one person with a mental illness or whatever can get a license for a gun, there's a risk for everybody.
- □ If people don't have guns, they can't shoot.
- □ Many times, if a gun is not in the home, it's not accessible for use in times of anger.
- □ When everyone can get them, they can be used for the wrong things.

Chapter 18

gun control laws?

- □ ノー。必要な法律は存在している。強化しなければならないのは取り締まりだ。
- □ 大体において、法律を厳しくするよりも法の適用を強化する必要がある。
- □ 法律はすでに十分厳しい。というのも免許は取らなければいけないし、素行調査も行われているのだから。
- □ 交通信号などの規制が必要なように［銃の］規制は必要だが、もっと厳しい法律を制定しても問題解決にはならない。

- □ 問題は自由な時間が以前よりも多いこと。余暇をどうすごし、ストレスをどう解消するかを学ぶ必要がある。みんなが夢中ですごせるようなプログラムを考えなくてはいけない。

- □ No. The laws are in place, it's the enforcement that needs to be controlled.
- □ For the most part, the laws need more enforcement rather than to be made tougher.
- □ The laws are pretty strict already in that you have to get a license, and a background check is done.
- □ We need controls just like we need traffic lights and other controls, but putting stricter ones in place won't solve the problem.
- □ The problem is that people have more time on their hands, and they need to learn how to cope with their leisure time and stress. We need programs to keep them occupied.

No

DRUG

Chapter 19

Is the USA responsible for helping Latin America fight the drug war?
(ラテンアメリカの麻薬戦争を援助する責任がアメリカにありますか)

■ BACKGROUND

　麻薬戦争(drug war)とは、狭い意味では1989年に始まったコロンビア政府と麻薬組織との全面衝突をさす。この戦いに対し、アメリカ政府は6500万ドルの緊急援助をしたほか、1990年2月にはコロンビア、ペルー、ボリビア各国の大統領とともにブッシュ米国大統領がコロンビアで麻薬サミットを開催した。しかし、ブッシュ大統領は実質数時間しか出席せず、一部で批判の対象になった。

　アメリカのマスコミ等で取り上げられる場合の、広い意味での麻薬戦争とは上記のラテンアメリカ3カ国における麻薬の栽培・取引に対する取り締まりの麻薬撲滅活動全般をさす。これらの国々が経済的に貧困なために、麻薬消費国アメリカからの援助が必要とされている。また一方で、アメリカ政府が麻薬取り締まりに関連して費やしている年間450億ドルもの資金を、麻薬中毒者の救済や麻薬撲滅教育などの政策のために振り向けるべきだと主張する専門家もいる。

■ KEY WORDS

□ **drug traffickers**　　麻薬不正取引人、麻薬密売人
　麻薬の売買組織に関連して麻薬を不正に取引してアメリカなどに密輸する売人のこと。コロンビアにはメデジンカルテルなどの巨大な麻薬密売組織が存在する。コロンビア政府はこれら組織の大物取引人を逮捕してはアメリカ政府へ引き渡している。

□ **cocaine**　　コカイン
　コカの葉(coca leaf)に含まれるアルカロイドのことで常用すると中毒症状を起こす。コカインからさらに精製した麻薬をクラック(crack)という。

アメリカの若者のうち10人に1人はコカインを試したことがあると言われている。これらアメリカで消費されているコカインのうち、90％がコロンビア、ペルー、ボリビアの3国から密輸されている。しかし、一方ではコカインが取り締まりの対象になった1915年当時に比べて消費量に変化は見られないとする専門家もいる。

■ RELATED WORDS & PHRASES

- □ コロンビア　Colombia (the Republic of Colombia)
- □ ペルー　Peru (the Republic of Peru)
- □ ボリビア　Bolivia (the Republic of Bolivia)
- □ 負債　debt
- □ 援助　aid
- □ 密輸　smuggling
- □ 供給者　a supplier
- □ 供給物、在庫量　supplies
- □ 誘惑する物　a temptation
- □ 覚醒剤　stimulants
- □ 大麻　marijuana
- □ 中毒者　an addict

What do you think?

- Do you think that we will see more drug-related problems in Japan in the future?（今後日本でも麻薬問題が増えると思うか）
- Do you think that we need more education on drugs for our young people?（若者たちに麻薬についてもっと教える必要があると思うか）
- Should the Japanese government spend more money to reduce drug-related crimes?（日本政府は麻薬関連犯罪の取り締まり予算を増加するべきか）
- Should the Japanese government help Latin America fight the drug war?（日本政府はラテンアメリカの麻薬撲滅作戦を援助するべきか）

DRUG

VOICE 1

No. We have so many internal problems that we need to keep some of our money here. **We have tried to save** every country **from** everything for as long as I've been alive. And I don't know how long we can keep saving the world. **At what point will** the American taxpayer **throw in the towel**?

Marion, 57
Business owner
Uintah, Utah

■ STRATEGY
アメリカの財政負担に絞って論を展開。海外よりも国内の問題に対して資金を使うべきだと主張している。

■ USEFUL EXPRESSIONS
☐ **We have tried to save** every country **from** everything for as long as I've been alive. 「私が生まれてこのかた、わが国は常にすべての国をあらゆる問題から救おうとしてきた」。

☐ **At what point will** the American taxpayers **throw in the towel**? 「どの時点でアメリカの納税者はサジを投げるのか」。to throw in the towel とはもともとボクシング用語で、「敗北を認める」ことを意味する。

■ NOTES
☐ **internal problems** 内部の問題

TRANSLATION
ノー。国内だけでも解決しなきゃならない問題は山ほどあるのに、よそでお金を浪費することないでしょう？ わたしが生まれてからずっと、アメリカはあらゆる国のあらゆる問題を解決しようとしてきたわ。いつまで世界中の救援をしていられるんだか。いつアメリカの納税者がサジを投げることになるのかしら。

Chapter 19

VOICE 2

Yes. **It would be mutually beneficial** to do whatever we can to stop the drug trade. **If it entails** economic aid, **that's fine. It might pay off tremendously.** It probably would be a lot cheaper to provide economic aid so the people wouldn't **have to resort to** drug peddling. **You've got to give them a choice.**

Matt, 31
Accountant
Green Bay, Wis.

■ STRATEGY
経済的援助を含めても賛成する立場をとっている。その根拠はアメリカにとっても直接的に利益をもたらすからとのこと。

■ USEFUL EXPRESSIONS

☐ **It would be mutually beneficial** to do whatever we can to stop the drug trade. 「麻薬の売買を抑止するためのことであれば何をしようともお互いのためになるであろう」。両者にとって好結果を生むという理論を説明する表現。

☐ **If it entails** economic aid, **that's fine.** 「そのことが経済援助を必要とするならば、それでもよい」。

☐ **It might pay off tremendously.** 「それは計りしれない利益をもたらすかもしれない」。

☐ . . . the people wouldn't **have to resort to** drug peddling. 「麻薬の密売に頼らなくてよくなるのではないか」。

☐ **You've got to give them a choice.** 「選択の道を与えるべきだ」。

■ NOTES

☐ **drug peddling** 麻薬の密売（行商）

TRANSLATION
イエス。麻薬売買をストップするためならどんなことでもお互いのプラスになると思うよ。経済援助が必要ならそれもいい。大きな見返りがあるかもしれない。いくらかの金で麻薬密売人が足を洗うっていうのなら、安いものだろう？ 選択の道を与えてやらなくちゃ。

DRUG

VOICE 3

Not more responsible than help**ing** our own country. We should be using the money to solve our problems. If the president is going to give aid, **it should be used to beef up** security on our borders, and **geared toward demand rather than supply.** Teach our children that cocaine **is not the way to go.**

Jeffery, 27
Air Force sergeant
Las Vegas, Nev.

■ STRATEGY
経済的支援には消極的。資金援助をするなら、国境付近の安全確保と麻薬消費を抑えるために使うべきだと部分修正的な案を提示している。

■ USEFUL EXPRESSIONS
☐ **Not more responsible than** help**ing** our own country. 「自国を助ける以上に責任があるというわけではない」。比較する材料を提示しながら、相手に自分の考えをやんわりと伝えている。

☐ . . . , **it should be used to beef up** security on our borders, and **geared toward demand rather than supply.** 「…国境付近の警備を増強し、供給側よりも需要側に向けて使われるべきである」。

☐ Teach our children that cocaine **is not the way to go.** 「われわれの子供たちにコカイン(に手を出すこと)は取るべき道でないと教えるべきだ」。

■ NOTES
☐ **borders** 国境
☐ **demand** 需要

TRANSLATION
それよりまず自分とこの問題を解決するのが先じゃないかね。金は国内の問題解決に使うべきだよ。大統領が金を出すって言うなら、国境の警備を強化するとか、向こうの密売人よりも、むしろこっちで薬を買う者に目を向けるべきだね。子供たちにもコカインはだめだって教えなきゃならん。

Chapter 19

VOICE 4

 Yes, especially since it will give cocaine growers a source of income other than drugs. **This has been discussed for years,** and it should be encouraged. But if President Bush is serious about drugs, he should have stayed more than a few hours. **That sends a negative message to** the Latin American countries.

Ellen, 47
Homemaker
New York, N.Y.

■ STRATEGY

ブッシュ大統領の決意の弱さを問題視している。

■ USEFUL EXPRESSIONS

☐ **This has been discussed for years.** 「このことについてはもう長年にわたり話し合われてきた」。

☐ **That sends a negative message to** the Latin American countries. 「そのことはラテンアメリカ諸国に悪い印象を与えることになる」。

■ NOTES

☐ **cocaine growers** コカイン生産者

☐ **a source of income** 収入源

TRANSLATION

　イエス。特に、コカインを栽培している連中に別の収入源を与えるわけだからね。随分前から言われていることだけど、ぜひ実行に移すべきね。ブッシュ大統領も、本気で麻薬問題に取り組むつもりなら、あんなにそそくさと訪問を終えるべきじゃなかったわね。あれじゃラテンアメリカの国々に対して、マイナスの印象を与えるわ。

DRUG

VOICE 5

I suppose economic aid would help, but **it seems like a roundabout way to** stop the people from growing cocaine. They'll take the money and still grow cocaine. **I'd like to see more done with** the school kids because that's where peer pressure gets started. **Help them so they won't need to turn to** drugs.

June, 61
Registered nurse
South Beloit, Ill.

■ STRATEGY
経済援助の有効性をある程度認めた上で、問題解決のためのもっと直接的な方法として教育現場における指導強化を提案している。

■ USEFUL EXPRESSIONS

☐ **It seems like a roundabout way to** stop the people from growing. 「栽培するのをやめさせるのには遠回りのように思える」。a roundabout expression と言えば「遠回しな表現」という意味。

☐ **I'd like to see more done with** the school kids because that's where peer pressure gets started. 「もっと学童たちに関連したことをしてもらいたい。というのも最初の誘いを受けるのは学校の仲間からだから」。

☐ **Help them so they won't need to turn to** drugs. 「彼らに手をさしのべよう——麻薬に手を出さずにすむように」。

■ NOTES

☐ **peer pressure** 仲間からの(悪い誘いなどの)プレッシャー

TRANSLATION

　経済援助は、確かに有益でしょうね。でも、それでコカインの栽培者が栽培をやめるとは言い切れないような気がするの。お金をもらってもまだ栽培を続けるんじゃないかしら。むしろ学校の子供たちに対してできることをやってほしいわ。お友だちの影響を一番受けやすい場所でしょう？　誘われても、麻薬に走らないように教育してあげてほしいわ。

Chapter 19

VOICE 6

I would be in favor of economic aid **if we could be assured that** we would get something in return, such as less cocaine coming into this country. Agriculture **would be their best bet.** They could grow more than coffee on that fertile soil. That land could grow tomatoes, oranges, apples and grapefruit.

Claude, 65
Carpenter
Roma, Ga.

■ STRATEGY
効果が保証されるのであれば援助してもよいという慎重派。ラテンアメリカ諸国は肥沃な土地があることを挙げ、彼らのやる気次第だという印象を与えようとしているようだ。

■ USEFUL EXPRESSIONS
☐ **I would be in favor of** economic aid **if we could be assured that** we would get something in return.「見返りがあるという保証があるのであれば、経済援助に賛成するであろう」。to be in favor of は賛意を表明するときの基本的な表現。ここでは条件付きの賛成という文脈に使われている。

☐ Agriculture **would be their best bet.**「農業が彼らにとって最良の策ではないだろうか」。one's best bet で「最も確実なこと」という意味。

■ NOTES
☐ **fertile soil** 肥沃な土地

TRANSLATION
われわれにも何らかの見返りがあるというんなら、経済的援助に賛成するね。例えば、この国に密輸されるコカインの量が減るとかね。農業に転向させるのが一番だろうな。あれだけ肥沃な土地なら、コーヒーだけじゃなく、トマトやオレンジやリンゴやグレープフルーツなんかも育つだろう。

DRUG

Is the USA responsible for helping

(ラテンアメリカの麻薬戦争を援助する責任がアメリカにありますか)

☐ イエス。麻薬売買を抑止するためなら何をしようとお互いにプラスになるだろう。

☐ 経済的援助が必要ならそれもいい。計りしれない利益をもたらすかもしれない。

☐ あるね。特にコカインの栽培者に別の収入源を与えることになるのだから。

☐ 見返りがあるという保証があるのなら、経済援助に賛成するだろう。例えばコカインの流入が減るとか。

☐ Yes. It would be mutually beneficial to do whatever we can to stop the drug trade.

☐ If it entails economic aid, that's fine. It might pay off tremendously.

☐ Yes, especially since it will give cocaine growers a source of income other than drugs.

☐ I would be in favor of economic aid if we could be assured that we would get something in return, such as less cocaine coming into this country.

Chapter 19

Latin America fight the drug war?

- □ ノー。国内に問題が山積みしているのだから、そちらに資金を回すべきだ。
- □ わたしが生まれてこのかた、わが国は常にすべての国をあらゆる問題から救おうとしてきた。いつまで世界を救援していられるかな。
- □ 国内問題の解決にその金を使うべきだ。
- □ 大統領がカネを出すというなら、それは国境の警備の強化に使うとか、供給側よりも需要の側に向けられるべきだ。
- □ (経済援助も役に立つだろうが)栽培をやめさせるためには遠回りのように思える。金を受け取ってもまだコカイン栽培を続けるだろう。
- □ 学童たちに関連したことをもっとしてほしい。というのも仲間からの誘いを受けるのは学校だから。麻薬に手を出さないですむように手をさしのべよう。

- □ No. We have so many internal problems that we need to keep some of our money here.
- □ We have tried to save every country from everything for as long as I've been alive. And I don't know how long we can keep saving the world.
- □ We should be using the money to solve our problems.
- □ If the president is going to give aid, it should be used to beef up security on our borders, and geared toward demand rather than supply.
- □ (I suppose economic aid would help, but) it seems like a roundabout way to stop the people from growing cocaine. They'll take the money and still grow cocaine.
- □ I'd like to see more done with the school kids because that's where peer pressure gets started. Help them so they won't need to turn to drugs.

No

ABORTION

Chapter 20

Should doctors be allowed to counsel patients on the option of abortion?

(医師は患者に対して中絶を勧めてもよいと思いますか)

■ BACKGROUND

連邦最高裁が 1973 年に Roe vs. Wade で示した判決——「妊娠 3 カ月以内の場合、各州の規定に基づいて合法とすることができる」——以来、人工妊娠中絶は女性の権利として一応認められた。しかし、その後いくつかの州で制限を設ける法律を制定したり、最高裁が保守化傾向を示す中、賛成派(pro-choice)と反対派(pro-life)双方の団体が激しくロビー活動を繰り広げている。

またブッシュ政権は、連邦政府から財政的援助を受けている家族計画診療所(federally funded family-planning clinic)では患者に対し、中絶という選択に関して触れたり、中絶に関する知識を与えたりしてはならない、と勧告して物議をかもしている。

中絶問題は選挙のたびに争点になるくらいに、アメリカ国民にとって重要な政治課題となっている。

■ KEY WORDS

□ **informed consent**　　インフォームド・コンセント

患者が自らの病状等について医師から説明を受け、手術を含めて治療に対して承諾すること。患者の知る権利を守るとの発想から、がん患者などにも適用されるようになりつつある。中絶を考えている女性に対して医師が中絶について何も説明しないというのは、このインフォームド・コンセントの概念に反するとも考えられている。

□ **federally funded family-planning clinic**　　連邦政府から財政的援助を受けている家族計画診療所

家族計画診療所とは元来その名のとおり、妊娠を望まない人たちのための診療所であり、妊娠した女性のためのものではない。これら

診療所のうち連邦政府から財政的援助を受けているところは全米に4500ほどあり、年間400万人が利用している。このうち推定で7万1000人の女性が、妊娠すると自らの体に影響が出ると診断されている人たちである。これまでもこれらの診療所では人工中絶手術は施していなかったが、中絶に関する情報やひとつの選択として中絶を勧める場合もあった。

■ RELATED WORDS & PHRASES
☐受精　conception
☐妊娠3カ月以内の胎児　an embryo
☐妊娠3カ月以上の胎児　a fetus
☐強姦　rape
☐近親姦　incest
☐生まれる権利　(the) right to life
☐選ぶ権利　(the) right to choose
☐中絶薬　RU-486
☐分娩　childbirth; delivery
☐優生保護法　the Eugenic Protection Law

What do you think?
- Do you think that abortion is murder?（人工妊娠中絶を殺人とみなすか）
- Do you think that doctors should not inform pregnant women about the option of abortion?（医師は妊婦に中絶できることについては語るべきでない、と考えるか）
- Do you think that Japan should abolish the Eugenic Protection Law?（日本の優生保護法を廃止するべきだと思うか）
- Do you think that Japan should legalize the use of RU-486 for abortions?（日本でも人工中絶にRU-486の使用を合法化するべきだと思うか）

ABORTION

VOICE 1

No, they should not. I'm against abortion, and **I definitely don't think** it should be an option in family planning counseling. Abortion is murder—it's taking the life of another human being who **doesn't have a say** in the situation. Doctors should not be allowed to say anything about abortion.

Gerry, 59
Ret. executive secretary
Crowley, La.

■ STRATEGY

人工中絶に関して絶対反対の立場をとっている。医師であろうとなかろうと、前提となる中絶に反対。

■ USEFUL EXPRESSIONS

☐ **I definitely don't think** it should be an option in family planning counseling. 「家族計画のカウンセリングにおいて、それ(中絶)を選択肢にしては決していけないと思う」。かなり強い否定となる。

☐ Abortion is taking the life of another human being who **doesn't have a say** in the situation. 「中絶とはその状況に発言権を持たない人の命を奪うことだ」。

■ NOTES

☐ **family planning** 家族計画
☐ **murder** 殺人

TRANSLATION

ノー。すべきではないわ。人工中絶には反対だし、家族計画のカウンセリングでそれをひとつの方法として挙げるなんてとんでもない。人工中絶は殺人ですよ、他人の命を奪うんですもの。しかもその人には全く自分の意見を言うことができないのよ。医者は人工中絶について一切口にすべきではないわ。

Chapter 20

VOICE 2

Of course. **I firmly believe that** doctors have to distribute all kinds of information pertaining to women's health problems, particularly women and pregnancy. **It is a violation of** some of the civil **rights** of women not to. This is so representative of an erosion of rights between consumers and their advisers.

Shirley, 65
Ex-congresswoman
Williamsville, N.Y.

■ STRATEGY

特に女性に対して医師はあらゆる情報を提供しなければいけない、とかなり強気の発言。もしそうしなければ、女性の権利を侵害することになる、とまで言っている。

■ USEFUL EXPRESSIONS

□ **I firmly believe that**... 「…と固く信じています」。語順に注意。
□ **It is a violation of** some of the civil **rights** of women not to. 「そうしないことは、女性の公民権を侵害することになる」。

■ NOTES

□ **pertaining to** 〜に関する
□ **pregnancy** 妊娠
□ **an erosion** 侵害

TRANSLATION
　もちろんです。医師は、女性の健康、特に女性と妊娠に関してあらゆる情報を提供しなければいけないと思いますね。そうしないことは女性の公民権を侵害することですよ。この例は消費者と助言者の間に介在する相互の権利が侵害されていることを端的に表してます。

ABORTION

VOICE 3

I think that abortion is a moral, personal and, in many respects, a religious issue, and **I don't believe that the government should play a part in it—pro or con.** Abortion is an issue that should be decided by the individual family and not be decided by federal or state legislation **of any manner.**

Norlan, 40
Banking executive
DeWitt, Iowa

■ STRATEGY
中絶というのは個人的な問題で宗教観にかかわることなので、国などの自治体が関与するべきではないとしている。この論題に直接的には答えておらず、法制化に反対している。

■ USEFUL EXPRESSIONS
☐ **I don't believe that the government should play a part in it—pro or con.**「賛成・反対にかかわらず、政府がこのことにかかわるべきではないと思う」。pros and cons で「賛否両論」という意味。

☐ Abortion is an issue that should not be decided by federal or state legislation **of any manner.**「中絶はいかなるものであれ連邦や州レベルの法律で決着をつけるような問題ではありません」。どのような方法や形式でもいけないとダメを押すときに of any manner を使う。

■ NOTES
☐ **in many respects** 多くの点において
☐ **legislation** 法律、立法

TRANSLATION
人工中絶というのは個人的な倫理観の問題で、いろんな面で宗教的問題とも言えると思う。だから、賛成にしろ反対にしろ政府が口を出すべきではないね。それぞれの家庭が決める問題で、国や州の法律で定めるようなものではないな。

Chapter 20

VOICE 4

Yes. I just think **an individual ought to know what the options are, especially if** a woman has a medical problem and shouldn't have any more children, or if carrying a baby would affect her health. Just because a doctor mentions the option of abortion doesn't mean a woman will take it.

Sue, 65
Homemaker
Amarillo, Taxas

■ STRATEGY
どのような選択の余地があるのか女性は知っておくべきであると主張。健康上の理由で子供を産めない人は特にそうであると念を押している。

■ USEFUL EXPRESSIONS
☐ I just think **an individual ought to know what the options are, especially if** a woman has a medical problem. 「どのような選択肢があるのかということを各人は知っておくべきだ——特に女性に健康上の問題がある場合は」。

■ NOTES
☐ **to carry a baby** 妊娠している

TRANSLATION
イエス。どんな選択の余地があるかは各人それぞれ知る権利があると思うのよね。特に健康上の問題があってこれ以上産まないほうがいいとか、妊娠が健康を損ねるような場合はね。お医者さんが中絶もできると言ったからってそうすると決まったわけではないでしょう。

ABORTION

VOICE 5

No. I'm not for killing babies, and I don't think a doctor **should give clear directions on** getting an abortion. **There are other options**—like adoption—**besides** abortion. **I also don't think counseling should be left up to the woman and one doctor.** It should be up to both parents, as well as a board of doctors.

David, 36
Mechanical technician
Green Bay, Wis.

■ STRATEGY

中絶イコール殺人という中絶反対派としては典型的な考え。そして、中絶以外の選択があるという点と、女性と一人の医師だけでのカウンセリングはいけないということを主張。

■ USEFUL EXPRESSIONS

☐ **I'm not for** killing babies. 「赤ちゃんを殺すことには賛成しかねる」。I'm against . . . と同じ。

☐ I don't think a doctor **should give clear directions on** getting an abortion. 「医師が中絶をしなさいというはっきりとした指示を与えるべきではないと思う」。

☐ **There are other options**—like adoption—**besides** abortion. 「中絶のほかに、養子縁組みとか、いろいろと選択の余地がある」。「〜のほかにも方法がある」と言うときに使う。

☐ **I don't think counseling should be left up to the woman and one doctor.** 「カウンセリングを女性と一人の医師の手にゆだねるべきではないと思う」。

TRANSLATION

ノー。赤ん坊殺しに賛成はできないね。医者もはっきり中絶をすすめるようなことはすべきじゃない。人工中絶のほかにだって、例えば養子に出すといったような、別の方法があるだろう。それにそういったカウンセリングは本人とひとりの医者に任せるべきではないと思う。両親と複数の医者から成る委員会で決めるべきだね。

Chapter 20

VOICE 6

Absolutely. People **should not have the views of others imposed on them simply because** their financial situation requires them to go to federally funded clinics. **Basically,** how well off you are depends on how much information you get on abortion. Minorities **are** always **disproportionately affected.**

Richard, 34
Lawyer
Lakewood, Colo.

■ STRATEGY

Absolutely. (絶対にそうです) と強い口調で始まっていながら、ポイントが絞りきれていない。

■ USEFUL EXPRESSIONS

□ People **should not have the views of others imposed on them simply because** their financial situation requires them to go to federally funded clinics. 「ただ単に経済的理由から連邦政府の病院に行かざるをえないということで、他人の考えをうのみにしてはいけません」。to have ... imposed on ...の使い方とともに simply because のニュアンスもつかんでおきたい。

□ **Basically,** ... 「基本的には…」。文字通り、基本的な点をおさえておきたいときに使う表現。

□ Minorities **are** always **disproportionately affected.** 「少数民族は常に普通以上に影響を受けている」。disproportionately とは割合からいって妥当と思われる程度から外れていることを意味する。

■ NOTES

□ **a minority**　少数民族、マイノリティ

TRANSLATION

もちろんですよ。経済的な理由だけで連邦政府の補助を受けている公立病院に来る人たちに、他人の考え方を押しつけるのはおかしい。基本的には、どのくらい満足な生活ができるかは、人工中絶に関してどれだけの情報を得られるかで決まるものだ。いつだって少数民族が不当に大きな影響を受けることになるんです。

ABORTION

Should doctors be allowed to counsel

(医師は患者に対して中絶を勧めてもよいと思いますか)

□ もちろん。医師は女性の健康、特に女性と妊娠に関する情報はすべて知らせるべきだと確信している。

□ そうしないことは、女性の公民権を侵害することになる。

□ どのような選択肢があるかはだれでも知る権利があると思う。特に健康に問題があって子供を産むべきではないとか、妊娠状態が健康に悪影響を及ぼすような場合は。

□ 医師が中絶も可能だと言ったからといって、女性がそれを受けるとは限らない。

□ Of course. I firmly believe that doctors have to distribute all kinds of information pertaining to women's health problems, particularly women and pregnancy.

□ It is a violation of some of the civil rights of women not to.

□ I just think an individual ought to know what the options are, especially if a woman has a medical problem and shouldn't have any more children, or if carrying a baby would affect her health.

□ Just because a doctor mentions the option of abortion doesn't mean a woman will take it.

Chapter 20

patients on the option of abortion?

☐ すべきではない。人工中絶には反対だし、家族計画のカウンセリングでそれを選択肢にしては決していけないと思う。

☐ 人工中絶は殺人だ。その状況に対して発言権を持たない人の命を奪うことである。

☐ 医師は人工中絶について一切口にすべきではない。

☐ 赤ちゃんを殺すことには賛成しかねるし、医師は中絶しなさいというはっきりとした指示を与えるべきではないと思う。

☐ 中絶のほかに、養子縁組みとか、いろいろ選択の余地がある。

☐ カウンセリングを女性本人とひとりの医師の手にゆだねるべきではないと思う。

☐ No, they should not. I'm against abortion, and I definitely don't think it should be an option in family planning counseling.

☐ Abortion is murder—it's taking the life of another human being who doesn't have a say in the situation.

☐ Doctors should not be allowed to say anything about abortion.

☐ I'm not for killing babies, and I don't think a doctor should give clear directions on getting an abortion.

☐ There are other options—like adoption—besides abortion.

☐ I don't think counseling should be left up to the woman and one doctor.

No

[参考文献]
『アメリカ ハンディ辞典』（有斐閣）
『現代用語の基礎知識(1990年度版)』（自由国民社）
『現代用語の基礎知識(1991年度版)』（自由国民社）
『最新英語情報辞典』（小学館）
『ジーニアス英和辞典』（大修館書店）
『情報知識imidas(1990年度版)』（集英社）
『情報知識imidas(1991年度版)』（集英社）
『トレンド日米表現辞典』（小学館）
『リーダース英和辞典』（研究社）
THE RANDOM HOUSE DICTIONARY OF THE ENGLISH LANGUAGE SECOND EDITION UNABRIDGED (Random House)

[著者紹介]
松本　茂（まつもと・しげる）
明海大学外国語学部助教授
専門：コミュニケーション教育学
マサチューセッツ大学アマスト校大学院
コミュニケーション学科修士課程終了（M.A.）
主著：『英語ディベート実践マニュアル』（バベル・プレス）
　　　『英検１級スピーチ』（日本英語教育協会）